生きてるだけで

新しい環境って何が訪れるか不明区域だから踏み出すときって不安よね。
だけど私はいつも、それを選択しないで進んだ人生の、
ベッドで起き上がったある日の私を想像して悲しくなるの。

だからやりたいことやって、やってダメなら秒で次に飛ぶわ

どっかの誰かの
フィルターで
自分を
無理に盛ってやる
必要なんてないの

あなたはあなたでいいの
それがとっても美しい

今私たちが
どんな時代を生きていて
これからどんな時代に
動いていくのか

目をしっかり
開けたら見えるはず

ウチら棺桶まで永遠のランウェイ

kemio

角川文庫
22421

人生は、毎日

ウチらは5年後には
今と違う悩みごとと戦わなきゃいけないの。
そして苦しんでまた、5年後のために強くなる

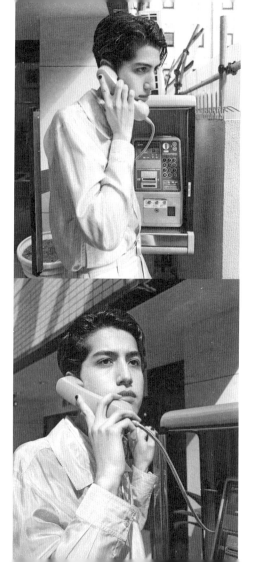

太陽の光がパパラッチかのように
ウチらの人生を照らす、
365日 24H

するようにしてるわ

未来に不安はあるけど、未来を左右するのって今だから、今の心配

年齢とか年号とか
所詮ウチら人間が
作り出したものだから、
それに
感情コントロール
させる時間はない

目次
contents

はじめに 26

第1章 私の、私だけの人生 28

引かれたレールを走るだけなんてガラケーちっくじゃね?

物心ついたときには両親ともに天国のギャルだった。祖父母が子育てROUND2してくれたから気にしたことはないけど 30

保育園のころのバッグの中は女の子向けのものばっかり。イオンでベイブレード買ってみたけど結局好きなのは『おジャ魔女どれみ』だった 32

「この粘土あげたら話してくれるかな?」とか考えてたいじめられシーズン、イツメンなんていないし居場所ないしほんっとーにつらかった! はっはっはあああ 34

一人で鳩の鳴き声聞いても人をHAPPYにしたい気持ちはそのまま。 36

初めてエンタメのお仕事で得たお金はうれしすぎてお母さんに見せびらかした 38

中学入学の環境リフレッシュで友達関係は一生HAPPYに。今でも親友のナディヤが私にレディー・ガガを教えてくれた 40

PSPでネットしてカセットテープで音楽聴いてた。飢えてるからこそ脳を使えて結果HAPPYって感じだった 42

バイト受けるくらいのノリでオーディション受けまくって、待ってるだけじゃダメだって小学生の時点で気付けてたから、 44

テスト用紙が資源のムダってほど地球ごめんなさいな最悪の成績。高校生活への憧れだけで地獄の高校受験を戦った 46

48　言われる前に言ってやろうと思って「姫でーす」って自己紹介した高校初日。

50　最高の3年間にするための最高のスタートが切れた

52　教室で出前を取ったり学校をクラブ化してはしゃいだ。

54　バカなこと楽しみきってないクラスからは撤退

56　友達全員と引き離された高2のクラス替えの机に打撃

58　頑張ったけどクラス替えの紙は撤退

60　雑誌に載りたすぎてしつこくメールしたけど全然ダメ。
　　萎えてらんない！って頑張ったけど私がその証明ですとか言ってみる
　　でもゼロからでも夢はつかめる、

62　Vineでフォロワー増えてアンチがいっぱい湧いたけど
　　楽しいこと見たほうが幸せだから脳を閉めたよね

66　芸能人になって「自分空っぽだな」って思ったけど、
　　進路調査書にはスーパーアイドルって書いた

68　1年露出がなかっただけで街中で「懐かしい」って言われた。
　　渋谷と原宿を嫌いになりそうなくらいの壁

　　英語できないでしょ？とかって止めてくるやつなんなの？
　　てめぇ私の家賃払わねぇくせにって、中指立てて行ってやったわ
　　英語なんて「Yeah」さえ刻めたら現地でもOK。
　　不安は必須アクセサリーだし、踏み出せた自分にあっぱれだわ

　　アメリカでは私は著作権フリーの素材になれる。
　　HAPPYをシェアするYouTubeはデジタル遺書

70　国籍も職業もジャンル不明だけど私はkemioだからいいじゃん。
　　目の前にあることをやって人をハピネスにしたいだけ

第2章 人間関係わんこそば

私を泣かせる相手に恨みはないの、強くしてくれてありがとうなの

76 みんな人間関係実験中。人からのアドバイスは自分ビーカーに入れてぐるぐる回して失敗したら爆発してればいいよ

78 ウチらみーんなソーシャルメディアの奴隷。時間制限なしの情報ビュッフェで好きなものだけお皿に運びたい

82 いいねとかフォロワー数とか評価を得たいのは当然よ。数字だけで人のことを判断しなければ全然オッケーだから

84 暇つぶしの感性が独特な謎アンチなんてスルーでしょ。弁護士に相談したら5万円くらいでぶっとばせるんじゃね？

88 すぐ容量パンパンになるから苦手な人のデータはどんどん削除。ネガティブのインフルエンスはお断りさせていただきます

90 疲れたのPR活動ばっかしてると人生がチープな作品化しちゃう。頑張って疲れたなら報告UPする前に蒸気でホットアイマスク

92 クソみてぇな人間に傷つけられて人生足踏みしちゃう前に、自分に合ったセルフセラピー探してアゲてこ

96 人間関係の待ちの姿勢って宝くじ一等を夢見てるのと同じ。自分から電波立ててないと死ぬまで圏外で終わるよ

100 人間関係のコツは何度もチャンスを与えないこと。期待し続けてずるずる傷つく前にオペして切除だよ

102 1回黒の絵の具を足したら一生黒になっちゃうのが人間関係。黒くて嫌な感情は飲み込む前に吐き出し合って一生好き安定

第3章 恋なんて、、

一生 #出口の見えないカンバセーション だわ

116 人を愛することには変わりないから男性とも女性とも恋に落ちたことがある。

118 「やっぱそうなんだW」とか言うやつはバイバーイ

120 普通に恋してるだけだしみんなと一緒だと思ってる。特別扱いしてほしいとか言いたいわけじゃない

124 最初に恋愛は男女って決めたのアダムとイブって人だっけ？とりまよくわからないからまぁいっかー

128 世の中みんな恋愛戦闘態勢に入りすぎ。勝手に勝ち負けゲームに乗せて勝手に敗北扱いするんじゃないよ

132 好きな人が欲しいなら狩りの態勢を崩しちゃダメ一緒に墓にブチ入りたいくらい愛を深められる相手だけを探して

35億もライバルがいるんだから誰に取られるかわかんない好きな人からのLINEとか秒で返すに決まってんじゃん！

104 気にしすぎると何もできなくなって超絶難しいから素直になるのが早い。

106 「私のトピックでーす聞いて！」って幼少期みたいに自信持って言えば友達や居場所なんて探さなくてもいいんじゃね？自分を苦しめてるのは状況じゃなく「友達絶対必要」って思っちゃう脳なのかも

110 こいつにエネルギー使いたくねぇってときはサービスのYESでやり過ごす。「はい a.k.a 帰りたい」では自分の軸は傷つかない

第4章 ウチら棺桶まで永遠のランウェイ
知恵とか勇気とかなんでもいいから、自分でカスタムした武器で世界を壊してこ

134 想いを伝えただけで一歩進んだ戦士だよ。
告白待ってる時間なさすぎるから男からも女からも言っちゃえ

136 失恋したなら遊べ次行け、Tinderスワイプしまくりな。
そいつは人生の審査委員長じゃなんだから否定なんてされてない

138 もし浮気されたら死んでください♡ってバイバイ。
でも許しちゃうのってことじゃないよ

142 体の関係は需要と供給がマッチしてたらアリ。
でも出会ってすぐ実技試験したら恋愛ジャンルの試験には落ちるよ

146 初心を忘れたからこそ生まれる思いやりが長続きには必要。
完全平等のカップル希望だけどレアすぎて世界遺産人間かも

148 銀行口座をさらしていい唯一の人、それが結婚相手。
結婚できなくても、そのときのkemioがどうにかするでしょ

150 「男女の友情」とか別カテゴリにしてること自体がナンセンス。
ホモ・サピエンスとして人間関係つくってよ

156 見た目のコンプはラッキーアイデンティティ。
見た目以外の武器もみがいて思考回路の迷路複雑にしよ

158 親が厳しいとか嫌いとかなら家を出ろ以外の回答はない。
親ってキングとクイーンばりにすげえって気付ける距離にいこ

160 自分のレースは自分で作るって気持ちは大事だけど、時代の違う親でもわかる形で夢をアピールすることも必須よ

162 私の広辞苑に才能って言葉はない。夢の理由は才能じゃなくて「やりたいから」でしょ？

166 何をやるかは賭けでしかなくてウチら一生ベガスなう

168 選挙に行く人が生きやすい世の中になるのはマジ当然。30代になったときに無理って言っても遅いから行く

170 過程を見てもらえないのも結果で判断されるのも当たり前。つらいなら脳の上に立って「頑張ってる」の気持ちを消そ

172 人生の攻略本よこせよって感じのクールな大人になりたいけど年齢とかいうただの数字でアクションなんてジャンク品。媚びなきゃ手に入らないチャンスなんて世の中うまくできててグーのね

174 自力でつかんだほうがいいいんだから

178 私が先に行くからお金、あんたがバトン渡しな

180 お金を追いかけるんじゃなくてお金に追いかけさせるの。

184 暗いとこなかったら一生光れないんだから

188 私と一緒にどんどん病んでいこ、病んでる人をバカにするやつはバイみぃ

192 継続と努力は自分を盛るための最強アイテムでしかない。でも毎日エンジン全開はあやつられる着せかえ人形にはなりたくない。無理だから夏に動いて冬は冬眠♡もアリ

他人の普通や幸せだって結局、誰かの枠にハマってるだけ「個性的が正しい」って価値観だっておしゃれなんて自己満でランウェイ歩いてる気分になれればOK。インスピレーションに自分エキス混ぜて自分のファッションを作ってこ

194 ── 自分の好きなことをして生きながら生きてる人が好き。ガガもギャルも戦友のつもりだから私も負けないように好きにやるわ

196 ── 性格なんて気圧でも変わるし「性格がいい」って概念、いらなくない？ そんなの自分の意識でなんとかできる範囲

200 ── 「男らしく」「女らしく」は関係なくていいと思ったことをやるだけ。「男がえらい」は間違ってるって発覚したんだからそぐえよ、頼む

202 ── やりたいことがないのは捜索中ってだけだから○。自分のことを自分がいちばん信じてあげて、しっくりこない常識には中指立てて、

206 ── 全部興味ないとか言ってシャットアウトするのは×棺桶までのランウェイをみんなで最高の戦いにしていこ！

208 ── 単行本・おわりに

211 ── その後のお話─文庫版書き下ろし

212 ── どんぶらこ〜って流されて生きられないからNOで内側から桃を割るしかない街・NY。「ウチはここにいるよ!!」って意思表示をはっきりするようになったわ

214 ── 考えすぎフィルターでブロックしてたら出会えない 恋を始めるならエントランスまではかちこませないと年金独り占めコース

216 ── 私の家は買い物中毒者のメモリアルパーク。背伸びして買ったり経験したものは人生に何かを運び入れてくれる。サービスの力は借りつつ自立もしたい

文庫版・おわりに

218 ── コロナで心のダウンタイムに入って不安より思いやりをRTすべきって気づいた。ウチらでコロナを通過するって気持ちでマスクと手洗いして棺桶までの距離延ばそ

220 ── どんなニュースもトレンド扱いでフィードから消えると終わったと感じちゃう。一人ひとりが周りの人と語り合って問題に絡まないと永遠に終わんない!

222 ── ネットだからって軽い気持ちでヘイト投げる人がいるけど、ネットだって罪は罪。文字の「死ね」は凶器そのもの

224 ── 韓国のお姉さまたちと比べたら自分なんて豆粒に見えて力が湧くの。エンターテインメントの力を借りて大変な時代もウチらで通過してこ♡

226 ── 文庫版・おわりに

はじめに

地球上のみなさーん！ 初めましての方、お帰りなさいの方、バーキンは持たないけどエコバッグは所持系のセレブことkem.io、けみおでーす！ 私、棺桶までのレース、ガンガン走っておりますが、みなさんのレースは順調ですか？ 自分の人生の中で本を出すのが夢だったから、こんなに早く叶ってうれしいでーす。初めて語ることから、もう耳にタコができちゃうよってレベルの話まで、前菜からデザートまでフルコースな内容でお送りいたします。

そして御覧くださいこのすっきりとしたレイアウト。ところどころに目に優しく眺めながら眠れるような配色の、水、ウォーターをイメージしたページもはさみ、飲める本、といったテンションで読めるようになっております。ちな、私自身は生涯、読書というアク

ティビティから逃げ回っていまして、、最後に読んだのは『ぐりとぐら』っていう状況なのですが、そんな私でも読める本になっているのでご安心ください。また、味の感じ方は人それぞれとなっておりますのでご了承ください。

私ってもともとは自信がないタイプで、コンプレックスも1億個どころか無量大数って感じで、だけどみなさんからのエールによって自信をチャージしてここまできたんです。クサい台詞ではありますが、今度は私から、この本によって愛とエールと勇気と希望をお届けします。

自分の好きなことを折れずに続けて、自分の心を守るために騒音みたいな悪口は永遠にスワイプして、制限された中でやり方を探し続けて、最高に楽しい場所、ここまできた永遠に捜索願な人生を全部まとめた、これがkemioですって感じの本です。読んでね。

よろみ～。

引かれたレールを走るだけなんて

　　　　　　　　　ガラケーちっくじゃね？

第1章

私の、私だけの人生

物心ついたときには
両親ともに天国のギャルだった。
祖父母が子育てROUND2してくれたから
気にしたことはないけど

　1995年にこの世に上陸完了。とにかく横にでかい子どもだったらしい。そしていつもモンチッチを抱いてたんだって、笑う。よく泣く子で、祖母が「泣くから仕事に行きづらかった」って言ってた。今思えば申し訳なさすぎてアーメン。
　私は祖父母に育てられたの。2歳のころに両親が亡くなって天国のギャルとなったから。でもね、両親がいない環境について悩んだことって特にない。YouTubeの動画とかでもサラッと言っちゃってるけど、本当にサラッとしてるんだ。**両親は仏壇で目が合って、「元気〜？　私は元気〜！」って報告する存在。**物心ついたときにはもういなくて正直声も顔も写真やビデオを見ないと思い出せないし、し

かも祖父母がお父さんとお母さん〜みたいな感じで本当の子どもと接するようにぶつかってきてくれたし、私もぶつかっていってたから、状況がなんにもわかってなくて。両親がいないことに関しては「ああ、そうなんだ」って感じだった。「お母さんに会いたい」とか「お父さんってどんな人だったの？」みたいな気持ちにもたまーになるけど、それが悲しくて仕方がない日はないかもしれない。

祖父母にとってみたら、子育てが一段落して孫が生まれてってときにいきなり自分の娘が亡くなってしまって、孫を引き取って子育てROUND2っていう、私には想像もつかないほどめちゃくちゃ大変な出来事だったと思う。だから、私の母親と父親になってしまうけど祖父母にはマジで超感謝してるー!!　小学校くらいまでおじいちゃんとおばあちゃんだって知らなかった気がするし、もう祖父母のことなの。それってなんにも悲しいことじゃなくない？って思う。……でもあまりに両親のことを気にしてなさすぎて、ふたりとも天国で泣いてるかな。。そうだとしたら申し訳ない。私だったら悲しいかも。悲しまないで！どんなときもあなたのことを近くに感じて毎日サバイバルしてます。生んでくれてありがとー!!　すきぃ。

保育園のころのバッグの中は女の子向けのものばっかり。イオンでベイブレード買ってみたけど結局好きなのは『おジャ魔女どれみ』だった保育園のころからこの調子だった気がする、たぶん。通園バッグの中に仮面ライダーとかそういうものは入ってなかった。ああいう系って「え、色が地味ィ」とか思ってた。あるとき叔父さんから「なんで男の子が好きなものを持ってないんだ？」って聞かれたりしたけど、幼いなりに「関係なくね……？」って。強く反発したとかじゃないけど、不思議に思ってたのを覚えてる。だって単純にディズニーとか『おジャ魔女どれみ』とかのほうがカラフルで楽しくて好きなんだけど？ってずっと思ってた。みんながあんまり言うから、男の子向けっぽいおもちゃとか買って、調整？を試みたけど、やっぱりこちとら好きなのは全然キラキラばびゅーん系だし

保育園では女の子の友達ばかりだった。当時から目立ちたがり屋で、発表会で「主役の白雪姫をやりたい!」って立候補したりしてたけど、さすがにそれは攻めすぎってことになって、魔女役で妥協したわ。人の前に立って人をHAPPYにすることに憧れてたし、みんなが笑ってくれたらそれに幸せ、自分の居場所を感じたの。ミニモニ。とゴマキが大好きで、あんなにキラキラしたステージに私も立ちたい!っていう気持ちを、発表会で活かしてたわ〜。家でも歌ったり踊ったりしまくってた。アイドルのカードもたくさん持ってたなぁ。

家族は**礼儀とかにすっごく厳しくて、箸の持ち方とか人に対しての思いやりとかは教えられたけど、考え方や在り方に関しては特に何も言われなかった。**今思い返せば結構規則はあったのにそこだけ無法地帯スタイルは謎、笑う。だから趣味とかを矯正されたとかはなくって、キラキラばびゅーんが好きなまま育った。自由の国ジャパン最高〜。礼儀とかについては、本当に厳しくしてもらえてよかった!と今は思ってるから、心からありがみ探検隊。つまり、女の子向けのものが好きで、アイドルに憧れて、周りのアダルトたちからの「なんでこんなのが好きなの」って声を逆に疑問に感じ始めた、疑問返しの幼少期だったんだよね。

「この粘土あげたら話してくれるかな?」とか考えてたいじめられシーズン、イツメンなんていないし居場所ないしほんっとーにつらかった! はっはっはあああ

小学校低学年のころから、もちろん引き続き人をHAPPYにしたい!っていう気持ちがあったんだけど。どうやらそれが良くない方向に出ちゃったのね。こうすれば人が喜ぶってことを考えて行動してたら、人気グループから「毎朝ブランコ取っといて」って頼まれるようになっちゃった。「私必要とされてる!」って、朝6時に学校に行ってブランコ取ってたりしてたんだけど、お前それ冷静にパシられてんぞって当時のけみおさんに言いたいです。今で言うならH&Mの新作に並ばされてるようなもんだよね……。でも、友達の作り方がわかんなくって、間違ってるんだけどそうなっちゃってた。しかも、やっぱり女の子の友達ばっかりだった。『ど

うぶつの森』が大好きで「自分でカスタムしてかわいくできるなんて最高」と思ってたんだけど、それを共有できる相手が一生女子しかいなかったの。で、そのうち、男子から菌扱いされるようになってオカマだオカマだって言われて避けられるようになっていった。だからといって女子と仲良くするのはやめなかったけど。だって、男子との会話つまらなすぎて泡吹きそうだったから。笑　特定の居場所はなかったなー。**自信がありそうに見られるけど、私って死ぬほど人の顔色をうかがっちゃうタイプ**だし、当時はうまく人と関われなかった。

そうこうしているうちに、事態はさらに悪化していって。仲良くしてた女子たちの派閥争いに絡んじゃったっていうか、気付いたらふつーにいじめじゃんってことが繰り広げられてた。泣いた。始まりは大縄で私がミスったとかクソほどしょうもないことで、女子の戦闘態勢10億とかの強めキャラが「あいつ、はぶこ」って言いだした。そして周りの子、仲良かった子も、みーんな口きいてくれなくなっちゃった。その時期がいちばんつらかったなぁ。毎日、どうすればみんな私と話してくれるのかなってことばっか考えてたから。

一人で鳩の鳴き声聞いてても人をHAPPYにしたい気持ちはそのまま。初めてエンタメのお仕事で得たお金はうれしすぎてお母さんに見せびらかした

強めの女から徹底的に外されて、つらい時期。クラスの子から「ゲームの対戦しよー」って呼ばれて家に行ったのに着いたら、玄関で「しっしっ」って拒否されたりとか。泣いたー。でも私、小学校は皆勤だったと思うの、記憶が正しければ。笑 祖父母もことの重大さをあんまりわかってなくて、しかも厳しいから死んでも行かせるみたいな感じだったし。一人の時間が多すぎて、**公園で鳩の鳴き声とか聞いてたわ。よくわかんない言語みたいな鳴き声で、それで心が落ち着いてた。ウソです悲しかった。**そのときの楽しみはカートゥーン ネットワークとアメリカの通販番組とハイスクール・ミュージカル。まねっこしてたぁ。純粋にエンタメ系の世界に

興味があったし、いじめられててもやっぱり人を幸せにしたいって思ってた。

それでね、これ私初めて言うんだけどね。小6のとき1回ジャニーズになりかけたの。ちな、それ「もうカッコいいほうに寄ろう!」って思ってたシーズンの話なんだけど。お兄ちゃんと応募して、呼ばれて、ふたりで行ったら実は受かってたのは兄だけだった。泣いたー。でも「YOUもいいよ」って言われて参加できたの。まじで本物台詞に寿命が延びて困惑。今も活躍中のグループの後ろでバックダンサーやったわ。楽屋にはマックのハンバーガーがエベレスト級にそびえ立ってて、テンションブチ上がった。それで謝礼をもらって、うれしくてしょうがなくて、だって **初めて人をHAPPYにする仕事でもらったお金!「見て見てお母さーん!」って仏壇に置いたよね。** まぁそれは、金欠のときに使っちゃったんだけど。人生で初めてエンタメで稼いだ金はミラノ風ドリアに消えたわ。その後、呼ばれることはなかったんだけど、すごくうれしかったなぁ。棺桶まで連れてくトピックです、はい。

中学入学の環境リフレッシュで
友達関係は一生HAPPYに。
今でも親友のナディヤが
私にレディー・ガガを教えてくれた

そして秒で中学生デビュー。他の小学校からも生徒来るし、メンツもリフレッシュされて、みんなから無視されることはなくなってたし、**かは言われてたんだけど、全然冷静に気にしなくなっていった**。ただ、男子には永遠に混ざれないまま。デケェから体育の時間のサッカーとかでキーパーやってみたけど、全部入れられちゃって、そこでカスいっていうイメージが付いた。せつねぇ。。

でも友達関係は最強。中2のころ、今でも親友のナディヤが転校してきたの。ナディヤはハーフの女の子なんだけど、彼女が自分の後ろを走っていったときに、「あの素早い女は誰だ‼」って強い衝撃を受けて。ナディヤとの心のコネクション

を、勝手に感じてしまった。当時私はいっつも歌ってて、主に絢香とかHYとかを図工の時間とかに粘土こねながら歌ったり、朝礼台でも歌ったりしてたから冷静にウザがられてたのね。特にナディヤはそれが馬鹿ウザかったって最近言ってった。でもどうしても仲良くなりたくてつきまとってたら、いつの間にか帰り道ローソンで海外ゴシップ立ち読みする仲になった。女4人と、奇跡的に仲良くなれた男3人とのイツメンもできた。この男子たちだけは他の男子と違っておおらかで、何でも話せる存在だったの。まるでユニコーン。まるでホモ・サピエンス。放課後いっつも一緒に帰って、くっだらないことばっかしして、一生笑いまくってたんだけど。そのころ、ナディヤも私も先生に目をつけられてて、それもあってどんどん仲良くなっていったのね。T先生みてるー?? 私たち元気にやってまーす!

ナディヤは、私にいろんなことを教えてくれた。海外のこと、ファッション、MTV、そしてレディー・ガガ。全部、なにこれヤバみって感じで好きになっちゃって、目で見る海外ゴシップ、耳から入る洋楽全部が刺激的だった。今レディー・ガガを好きなのは、ナディヤがきっかけ。帰り道に『GOSSIPS』見ながらケイティ・ペリーの話をする時間がもうすっごく楽しくて、死ぬほどアゲだったわ。

PSVでネットして
カセットテープで音楽聴いてた。
飢えてるからこそ脳を使えて
結果HAPPYって感じだった

でもそのとき親は冷静に厳しかった。一生門限があって外泊も禁止。ナディヤとか夜8時まで遊んでるのに、私は6時に帰んなきゃいけなくて。しかも私ケータイも持ってない分際だから、前略とかmixiとかモバゲーとかの時代にメールアドレスが私だけ@yahoo.co.jpみたいな状況。「今平成何年ですか—」って。ケータイ買い与えてください抗議活動365日してた。でもケータイは高校生になってからバイト代で買いなさいとか言われてしまい。命綱はPSPだった。**PSPから頑張ってネットにつないで、こっちは本気だぞって感じでカーソル燃える勢いでネットサーフィンした。** もう基本すべてがアナログなの、当時の私って。TSUTAYA

第1章　私の、私だけの人生

でCD借りたり、近所の美容院の人にヒットソングをCDにまとめてもらって、それをカセットテープにして持ち運ぶの。iPodとかある時代にカセットテープ。再生でしかダビングできないしめちゃめちゃ大変だった。笑　ダビングのために一生音楽流してないとダメだから共同部屋の兄とは毎日戦争。第何次世界大戦したのか‥。みんなはLISMOなのに。あえてのカセットテープかわいい♡とかじゃなくてガチでそれしかない武器で、わりと萎えてた。

でもその飢えのおかげで、脳をいっぱい使えたから、結果よかったと思ってる♡

ネットもPSPから頑張ってつなぐ～みたいな方法を探せたし、基本飢えてるから音楽を1曲1曲余計にしっかり聴くし。テクノロジー使わなくても、楽しいことは見つけられる。自分にとって無理なことがあったときに、どうしたらいいか方法を探すっていう習慣がついた気がするなぁ。一応当時は陸上部で、秒で辞めちゃったけど、っていうかふざけすぎて退部になっちゃったけど、全然一生楽しすぎる毎日だったなぁって今思える。「楽しいことないかなー」とか口で言うだけな人にはなりたくない。楽しいことは自分で狩りにいくぞみたいな、私ってそのときからそういう精神でサバイバーしてた。ウチら何が楽しくて何が自分に刺激をくれるか、自分自身が一番わかってる。

待ってるだけじゃダメだって
小学生の時点で気付けてたから、
バイト受けるくらいのノリで
オーディション受けまくった

　小6のころ、ジャニーズになりかけたんだけど、全然連絡こなくなっちゃってたんだ。なんか待ってるだけじゃダメなんだなってわかった。だから中学生のときはTBSのオーディション受けて、タレント事務所のオーディション受けて、だけど全部落ちまくった。**本当にオーディション雑誌が、バイトルみたいなノリ。片っ端から受けて片っ端から落ちていく状況。**有名になりたい！　テレビに出たい！って。しかもそのとき私も気付けよって感じなんだけど、オーディションの面接で「純日本人です！」って言ってたんだよね。知らなかった、自分がハーフってこと。総合的なテイスト的に冷静にハーフとかだろって感じだったんだけど。審査員も「え？

日本人？」みたいになってて。そのときは「自分ってエイリアンなの……？」と思ってた。高1くらいですでに「もしかして私、芸能界向いてないのかな？」って心折れそうになるくらいオーディションには落選続きだった。

でも、諦めることは本当になかった。エンターテインメントのお仕事をやりたいっていう意志が、とてつもなく強かったから。次があるとか、いつかは引っかかるだろうとかっていう思いで進んでいってたの。受からないともちろん落ち込むし、自信なくなるばっかりだったけど、必死でコテ買ったりしてキューティクル焼き殺しながら前髪伸ばして自分を改造してた。**あのとき諦めて「自分なんか……」ってならなくて本当によかった。過去の自分にシャンパン開けちゃう。**だって悩んでたって何も進まないし、切り替えて進んでいくしかないなぁと思う。さっきも言ったけど「やりたいなー」って思ってるだけで何もしない人になるのは嫌だった。夢見るだけで次の日起きたら叶ってましたなんてことは一生ないし、オーディションを受けないなんて道、私にはなかったなぁ。

人なんて悩みごと工場だし、自分の力でさ

ばいてかない
と出荷が間に
合わないよ。

テスト用紙が資源のムダってほど地球ごめんなさいな最悪の成績。高校生活への憧れだけで地獄の高校受験を戦った

いやもう、ほーんとに成績最悪だったの。もう一生勉強がダメ。三者面談で先生から「行ける高校がありません」って本気の顔で宣告されておばあちゃんが泣いちゃったくらい。ほんとそれまで「勉強しなきゃ」とか思ったことすらなかったの。そんなやべぇと思ってなくて。そのとき初めて「やべぇ、高校行けない！」って焦った。「高校行けないとバイトできねぇ！」「ケータイ買えねぇ！」って。「そしたらマイミクなれねーじゃん」「リアルで更新できねぇじゃん」「野ブタパワー注入できねぇじゃん」って。今思えば高校行けなくても働けるし、ケータイも買えるんだけど。なんかそのときは「高校行かなきゃケータイが買えない！ ヤバー

い！」って思い込んでたの。思考回路が永遠に野原。

冷静に私の状況に危機を感じたおばあちゃんが、貯めてたお金を塾にあててくれて、人生であれ以上ないくらい勉強した。当時そんなことできないくらい金銭的にキツかった中で私を塾に放り投げてくれて本当に感謝。学校終わって塾、もちろん一番下のクラス。上のクラスの子に「お前ら絶対無理っしょ」とか言われてカチーンときてやる気出したよね。勉強しまくって、本当に、死にました。（生きてるなう。）自習室とかまで行っちゃって、休憩時間にスリーエフ行くことだけが人生の楽しみ～みたいな。最終的に都立の高校に受かって、おばあちゃん泣いてたし私も泣いて次の日むくんだ。

そして中学の卒業式は、当時私かぶれてたから前日卒業ソングとかべッドで聴いて泣いちゃって、むくんだし当日は泣けなかった。日頃から歌いまくってた絢香の歌聴いてひたってたわ。自分の居場所が初めてできたのが中学。そのベースは今も変わってない。今でも地元の友達と遊んでるし、あのころみたいに毎日は会えないけど、年１だって何にも変わらない関係。友人みんなへありがみ探検隊。

言われる前に言ってやろうと思って「姫でーす」って自己紹介した高校初日。
最高の3年間にするための
最高のスタートが切れた

高校に入学したら、また絶対にピンポイントで「オカマ」ってひやかされると思った。だからもうこっちからイメージ付けちゃおーって。何事も初日って肝心。と思ってバリア掃除係にまわった。そもそもオカマって一体何？ 話し方が中性的ってこと？ 色使いが女の子寄りとか？ 男の子がPUMAを選んでる中でスポンジ・ボブが好きだったから？ とかって思ってたけど、小さいころからその言葉に悪意がこもってることだけはわかってて、バカにする気なのは伝わってきてた。それで私、高校入学してすぐ「姫でーす♡」って言いながら練り歩いたのね。みんな最初

は「え?」って感じだったけど、でも受け入れてくれたー。この子はこういう子って。言ってみてよかったー。

もちろんバイトも瞬で始めた。部活がマストの学校だったんだけど「ウチ働くから無理!」ってそんなに活動がなさそうな茶道部に入って、3回くらい茶をといだけど、「結構なお点前」とかいう決め台詞の前に秒で辞めた。働きたすぎて面接で「週7で働くし交通費もいりません」って、「あなたにとって、最高の条件ですけど-?」みたいなアピールして無事に合格。冷静に週7は無理だけどぶっちゃけ入っちゃえばこっちのもん! その金で原宿行ったり、大好きなディズニーランドの年パス買ったりして、そこで友達できたりとかした。ちな、そのバイトで「お姉さん日本語上手ね」とかお客様に言われまくって、そこらへんで自分がハーフって気付いたと思う。友達にも「あんた絶対ハーフだよ」って言われてたんだけど、やっとだよ。たぶんだけど親は、ハーフって言ったらいじめられるかもって心配してたんじゃないかな。発覚したときマジで腑に落ちた。やっぱりーって。もちろんケータイも買って、数世紀遅れでmixi始めようかなと思ってたところでTwitterが流行りだして、そこからやっと私のSNSライフが始まったの。

教室で出前を取ったり
学校をクラブ化してはしゃいだ。
バカなこと楽しみまくって
いらない勉強机は捨てた

　高1のとき仲良い友達ができて、チャーリーズエンジェルっていうイツメンを結成したの。いちばんの活動は学校中のペットボトルを集めること。なんかボロボロの購買で1本10円で引き取ってくれるシステムがあって、**だから金への執着により、学校中のペットボトルを集めてまわってた。**ちな、みんなでYouTubeもやってたけど、それは学校の先生にバレて消させられたー。女子十二楽坊ごっこの動画が人気になっちゃって、『ZIP！』で桝さんに街頭インタビューとかされちゃって、瞬でバレたよね。H先生みてるー？　ウチ今は合法的にYouTubeやってまーす！

この時期って全部が楽しかった。教室に出前取って怒られたり、98円のポップコーンをディズニーのバケットに入れて学校でディズニー気分やったり、バカなことを全力でやれた。でも今思えばもう少し周りを見るべきではあったかも。なにより、そのとき私ちょーかぶれてて、とにかくうるさすぎていた。…「学校をクラブにしようよ！」ってノリで、学校でオレンジジュース飲みながら、お昼休みにスピーカーから音楽ガンガンかけたりして。先輩から「うるせえんだよ!!」って怒鳴られて。先輩あなたは正しい私がバカでした。。。謝罪。でも髪の毛を染めるとか制服をだらしなく着るとかは一切興味がなかった。やれば怒られるし直すのにお金もかかるし、そこにエネルギー使うのはなんか違うなって思って。治安悪い系とかじゃなくて、ただただ幼稚だった。**ちな、そのときに家の勉強机は捨てたー。だって私の人生にいらないし、デカいし、ジャマだし、フォルムが盛れてないし。**私の部屋、兄と8帖の分け合いで歩けないほど狭かったの。だから「君、いらなくない？」ってなって、捨てちゃったー。勉強しなくていいや、バイトしよって。

友達全員と引き離された高2のクラス替えの紙に打撃。萎えてらんない！って頑張ったけどクラスからは撤退

　高2のクラス替えで状況が一変して、学校が地獄と化したの。イツメンのチャーリーズエンジェルたちとクラスが離れちゃって、刑務所の気分でした。笑　休み時間が面会時間のよう。あーやっとみんなに会えるーみたいな。でもそんなこと言っててもしょうがないかなって、**楽しい刑務所にするしかないって、死ぬ気で受かった高校生活だし萎えてらんないって、**とりま文化祭をちょー頑張ることにして「私に代表をやらせてください！」って手を挙げた。でもみんな見事に協力してくれなくて、夏休みとかもほとんど誰も来なくて、まあ受験勉強を頑張ってる人が多かったからしょうがないんだけど。そんな感じで

楽しくできなくてクラスからは撤退してしまうムードになった。で、そのとき学校をサボることを覚え始めちゃったの。「行ってきます！」って家を出て、チャリが消えればおばあちゃん信じる！って気付いちゃった。学校から電話がかかってこないように、電話線切っちゃったこともあります……。卒業後に「実は休んでたんだよ」って言ったら「はぁ……まぁ卒業できたからいいけどできてなかったら殺してた」って勢いの反応だったわ。こわい。謝罪。

高2のときディズニーの年パスが高すぎて更新できなくて、それで原宿に通うようになったの。派手な格好で近所をランウェイするのはやめなさいって親から怒られてたから、駅のトイレで着替えたりとかしてたわ。学校には私が好きなファッションをするような、似た趣味の人はほとんどいなかったけど、原宿にはいっぱいいたの。憧れの店員さんとTwitterでつながったりとかして、好きなことを通して学校以外で人と出会えるってことを知った。学校だけがすべての世界じゃないって気付いた。**自分が楽しいって思うことを作っていって、あれやろうこれやろうっていっぱい見つけていったの。**でもそれにはお金が必要でまたシフト地獄。家から一歩出るって高え。。

雑誌に載りたすぎて
しつこくメールしたけど全然ダメ。
でもゼロからでも夢はつかめる、
私がその証明ですとか言ってみる

なんか5ページくらい話してなかったけど、この間ももちろんずっと夢は人前に出るお仕事でした。高校生向けの雑誌の『HR』っていうのがあって、それが本当にまさに憧れの高校生活って感じだったの。もう私はそれに出たくて出たくて。「出してくださーい」「お願いしまーす」って感じで出演者募集に送りまくってたんだけど、ダメっぽかったからさらに「どうですかー？」「出たいでーす」ってブチ送ってたら編集部から「大丈夫です、届いてますよ」って返事きて。さすがにしつこすぎたって雰囲気が出てたー。気まずくて穴に入りたかった泣いた。
それで結局、メール送ってた人じゃない人から偶然TwitterにDMがきた。

『HR』のお部屋特集に出ませんか」って。よしきた！って思ったよね。当時ツイキャスで、クッソ狭いおもちゃだらけの部屋を背景にしてしゃべってたから、それがよかったのかな？　撮影⁉︎⁉︎ってウキウキで、何をするんだろう、どうすればいいんだろうって。1日で痩せられるかなー？って考えたけど方法はゼロで、そのまま治安の悪い状態の顔で載ったしなぜか本名記載で出たから永久保存版。そこから『HR』にはちょくちょく載せてもらえるようになったの。

本当にね、芸能界向いてないのかな、無理なのかなって思うことも正直あったんだけど、方法を探しまくって、全部やってみてよかったと本気で思えた。戦いはいつも誰かに止めさせられるんじゃなくて、自分で止めない限り、一生納得いくまで続けるもの。ゼロからでも、ダメですって言われても、粘り強く諦めなければ夢のスタートは切れる。私が証明とかボヤいてみる。本当に無理かもしれないって思ってたから、ディズニーのキャスト狙うべきかなくらいのテンションでダンス習ったりして、でも向いてなくてやっぱり原宿の店員さん目指そうかなくらいの迷いとか落ち込みはあった。でも、諦めなくてよかったわ。迷っても強いハートという武器をカスタムしたら、夢のレールから外れることはないと一生信じてる。

Vineでフォロワー増えて
アンチがいっぱい湧いたけど
楽しいこと見たほうが
幸せだから脳を閉めたよね

　Vineを始めたのも高3。これは別に有名になりたいとかいう気持ちでは始めてないんだ。学校であったネタを友達に見せたかったから開設。なんか原宿の大好きだった店員さんがVineやってて、見てみたら海外の子たちがネタやったりしてて、こういう使い方もあるのか！って。しかも無料じゃん？　私無料大好きだから、やってみよーって。UPしてみたら、すっごい反響で驚いて顎れたし、ケータイも通知の量で加熱からの発火コースになるかと震えた。ネタも考えるとかではなく、ただの学校あるある。みんな「ウチの学校もこんな感じ」って共感してくれた。**片足突っ込んで安全だったから両足入れてみたら、全身入っちゃったー！みた**

==いな感じだった。==思ったことを好き放題に叫んでるうちに、すっごいフォロワーが増えて、ありがとうございますーって感じで、そしたら『HR』から「一緒にいろいろやりましょう」って誘っていただけた。うれしくていろんな契約書にサインしてケイティ・ペリーのような人生を歩めるのかもジャパニーズドリームって思ったなあ。ってなって、事務所に入ったの。

仕事を通じて、目標を達成したりするうちに少しずつ自信がついていった。もともと自信は全然なくて、絶対に夢は叶うって脳をだまし続けてたけど、とはいえ不安はあった。でも、やっぱり結果が出てくることによって「これでOK！」って脳を納得させることができた。おかげで脳も安心するから、次の目標にどんどん進んでいける。嫌なこともちろんあって、会ったこともない人から死ね殺すとかも言われて、「みんな仲良くしようよ～」って思ってたけどSNSは意外と冷たかった。SNSなんてウチらのオナニーの溜まり場なのにね。だけどそれ以上に楽しかったの。悲しいことなんて一部にしか過ぎなくて、==やりたかった撮影、テレビの出演、元気もらってますって言われること。そっち見たほうが幸せだなって思って脳を光の速さで閉めたよね。==ヘイターたちにエサをやる時間なんて、一秒もなかった。

芸能人になって
「自分空っぽだな」って思ったけど、
進路調査書には
スーパーアイドルって書いた

芸能人？になって、初めての仕事はオールナイトニッポン。すべての展開が新幹線級に速くて驚き。よく挑戦させたなって感じだしそれ以来会ってないプロデューサーさんに面会希望。当日はほんと滝浴びて来た？ってくらい汗かいて、バカだから漢字も読めなくて、あの地獄に召される感じ、忘れられない。**人と作り上げるものって、一人家でVineしたりキャストしたりするのともう全然ちがーう**って。テレビもそうだった。どうしようどうしようってテンパって、一言もしゃべれない。「けみおぜんぜんノリ違うじゃん」「動画のキャラうそなの？」「テレビつまんなかった」みたいになってフォロワーが減ってった。楽しいからとか、勢いだけでやっ

ちゃだめなんだな、私中身空っぽだな、実力ないなって思ったけど……。でもよく考えたら全部初めてのことだし、参考書もない。わからないなら脳内にチャージしないとって決めた。

やっぱりどうしても一生エンタメ希望だったわけだし、この道に進もう！って、パパラッチにパパられるセレブになりたいってずっと考えてた。それで高3の進路調査書にスーパーアイドルって書いたの。先生はこんなんじゃ調査できませーんみたいな感じだったけど、そう決めてた。誰かの理解や意見なんていらなくて、自分で自分を認めたかった。私って生き方が雑だから、計画とかなかったんだもん。今のことを頑張って未来につなげていく生き方しかできなかった。未来のことばっか心配してたら、今のことって誰が片付けるの？って感じだから、とにかく目の前のことを頑張ろーって。親も私の夢を知ってたから、芸能人になることを受け入れてくれたわ。「あなたのやりたいように生きていきなさい」って。手に負えないって、諦められてたのかもしれないけど。高校卒業してから実家出るまでは、家賃とかの割り勘には全力で参加した。高校まで行かせてくれた祖父母には感謝が止まらない。すきぃ‥。

1年露出がなかっただけで街中で「懐かしい」って言われた。
渋谷と原宿を嫌いになりそうなくらいの壁

でも高校卒業してから、芸能のお仕事は全然うまくいかなかったの。1日2万人とかフォロワーが減っちゃう日もあったし！「あれ？　私けみおまだフォローしてたんだ、ウケるー」って気付く人がいるのか、ツイートしただけで大量に減っちゃうときとかあって、もうツイートしない！って思ったり。今思えばただの数字なのに本当に大切なことが見えなくなってきてた。そうやってあんまり人前に出られなくなっていったせいで、渋谷とか原宿で私を見かけた人に「懐かしい〜」とか言われるようになっちゃって、危うく渋谷原宿を嫌いになりそうだった。懐かしいって お前、去年だぞみたいな。街中で笑われたりしたとき、いじめられてた昔のこと

を思い出して悲しくなった。マネージャーさんからは本を読みなさいって言われたけど「えー!?」って感じだし、好きなものを見つけなさいってアドバイスされたけど、自然に見つかるんじゃないの それって? まあそう思ったけど、頑張らなきゃいけないじゃん。すっごい迷路だった。何か個性を見つけなきゃって、花の種とか飛行機についてとか詳しくなろうとしたけど、秒で飽きる、みたいな。そんな時期もあったなー。

事務所の人から「1日2個Vine上げてね」とか言われて、「私のSNSが自分のものじゃなくなってる!」って感じたから、Vineは辞めちゃった。好きだったものが嫌いになった瞬間だった。趣味が義務になっちゃったのもショックで、気持ちがゼロになった。20歳のちょい前くらいの話ね。嫌々絞り出すんじゃなくてスポンって生み出したいのにって。しかもみんな私をフォロワー数みたいな番号で見るしって、悩んで考え込んじゃった。何か違うことをしたい! **勉強して中身つめつめしたい〜って考えたときに、思いついたのが昔から使いたいと思ってた英語だった。**それでアメリカ留学を決めたの。

英語できないやつなんなの？とかって止めてくるやつなんなの？てめぇ私の家賃払わねぇくせにって、中指立てて行ってやったわ

　周りに「英語しゃべれないのに無理だよ」ってすっごい言われた。冷静に**日本で生活してきて英語しゃべれないのとか当たり前じゃん、なんで無理とか決めつけられなきゃいけないの？**でもおかげでさらに火が付いたので、感謝！。
　芸能のお仕事で貯めたお金じゃ留学資金が足りなかったから、おもちゃとか、大事だったリファカラットとかを全部売った。そのお金で向こうの学費や保険払ったら、残りたった10万円とかになってそれだけ持ってアメリカに飛んだの。昔から、経験に使うお金は惜しまないって決めてたから、10万円しか残らなくてもアメリカに行く経験をしたかった。セレブごっこしに行くわけじゃないしまぁいっかって。

お金なんて追いかけるものじゃなくて後からついてこさせる、あんたがバトン渡しなよって勢い。

親にも反対されたくなかったから、家も学校も全部決めた上で「アメリカ行くから〜」って報告したの。ちな、行くって決まってから「レギュラーの仕事オファーしようと思ってたのに」ってテレビの方とかに言われて「うそおおおおもっと早く言ってよおぉ」ってなったりもした。でもさぁ、そんなこと言ってても仕方がないよね。やりたいことがあるならリスクを取らなきゃって祖父も言ってたし。だって、ふつーに朝起きたら突然自分の好きなことでご飯食べられるようになってるとか貯金が億貯まってるとかありえない。だから経験積まなきゃいけなくて、そのために勇気出して一歩踏み出すことも必要なんだと思う。私の人生においてアメリカに行くことは絶対に譲れないって心に決めてた。変な理由で止めてくるやつは全部うるさい、こちとら最悪のパターンはシミュレーション済み。だから他人様からの再確認はご遠慮させていただきます、って中指立てて行きました。みんななんでべらべら人の人生に口出すんだろう。人生ってみんなで相談して決めるものなの？

自分のスケッチブックには
自分で描いて

人のスケッチブックには
落書きしないで。

英語なんて「Yeah」さえ
刻めたら現地でもOK。
不安は必須アクセサリーだし、
踏み出せた自分にあっぱれだわ

ほんと私、アメリカに着いたときは「Hello」しかわかんなかったのね。入国審査の「Stay」が言えないくらいのレベル1以下。だからもう何もわかんなくって、語学学校に入学して、日本人が少ないところにして、一番下のクラスに入ったの。あまりにわかんなすぎて、朝9時から夜7時半まで書く読むしゃべるって感じだったんだけど、授業中はお恥ずかしながら、ぼーっとしてました。机を捨てた分際としてはかなりキツい時間だったわ。だから学校で勉強するよりも、実際に人としゃべることで覚えていったの。きっと会話は**「Yeah」をいい感じのリズムで一生刻んでればなんとかなるかんね。**その勢いで、「I'm from Japan」しか言

えないくせにBARとか行って「怖いことあってもいっか!」って気持ちで、雰囲気が良さそうな人に話しかけて、英語取得〜ボキャブラリーゲット〜みたいな感じでやってみた。最初は間違えたら怖いなとか思ってたけど、行ってみたら実際いろんな人種の人がいて、崩れた英語しゃべりまくってる。それによく考えたら言語なんて冷静にツールだし伝わればいいよねと思ってどんどん話してるうちに、気付いたらだいたい聞き取れるし、会話もできるようになってた。寝てるときに英語で夢をみるようになったら身についてるって都市伝説的なのあるけど、ちな未だ夢はゴリゴリのジャパニーズ!

できたじゃん。バカにして反対してたやつは、時代が時代だったら島流しだよ。**なにかやる前ってね絶対に不安なの。不安は必須アクセサリー。一生取れません。**だから割り切って進むしかない。アメリカに行く前の私は収入もあって、友達もいて、幸せではあって、新しいところに行かなくてもいい状況。でもそこで安心して立ち止まらなくてよかった。一歩踏み出せた自分に、今あっぱれあげたい気持ち! 空っぽで好きなことも脱出して、あのとき私が描いてた夢に、少し近づけた気がした。大人になって誰にも怒られなくなったし褒められなくもなった、だから自分で「よくやった」って言ってみよーっと。

アメリカでは私は
著作権フリーの素材になれる。
HAPPYをシェアする
YouTubeはデジタル遺書

アメリカでは、勉強してるとき以外ひまだった。だから大好きな配信しようかなって日記つける感覚でYouTubeにUPし始めたの。もともと持っていたアカウントで、当時は10万人くらい登録者がいたかな。ラジオやテレビにいい反応をしてくれない人もいたけど、YouTubeには「また動画やってくれるんだ！」って喜んでくれる人が多かった。純粋にアメリカで楽しいことをシェアできることもうれしい〜って感じで午前は学校で勉強して、午後は動画上げてって毎日を送ってた。「トイレが詰まっちゃったんだけど！」とか困ったことを動画で話すと、みんながアドバイスのコメントをくれたりして、アメリカでひとりでも、ひとりじ

やない気分になれた。私の動画って好きなことやハプニングを友達にシェアしてるイメージ。ルームメイトがいない間を見計らってクローゼットの中で撮ったりしてたなぁ。

　アメリカでは勉強と動画の他に、ファッション路線の仕事もしてる。撮影のお手伝いしたりとか。日本だと「kemio」ってイメージが付いちゃってるけど、アメリカではだーれも私のこと知らないじゃない？　それが逆にやりやすかったりする。私って昔のイメージと今のイメージ、ぜんぜん違うのね。昔はすっごくカラフルな服が好きすぎて、それは「けみお過去」でググってもらえれば、時代は便利だから一発でわかるんだけど、年齢によって好みも変わっていって進化してるの。だから、何のイメージもなくナチュラルな一人のフリー素材というか、著作権なしの素材として使ってもらえるのが冷静に楽しいって思える。

　……昔のことを思い出すと、みんなと一緒に成長してるなぁと思う。「Vine見てたときは小学生だったけど、もう大学生です」とかコメントもらうもん。だからもうウチら一生成長中〜‼って感じで、YouTubeは「死ぬ前に残す〜」ってデジタル遺書を作ってる気分。みんなは私にとって友達みたい。すきいよ。

国籍も職業もジャンル不明だけど
私はkemioだからいいじゃん。
目の前にあることをやって
人をハピネスにしたいだけ

そして今なんだけど、語学学校は2年半くらい通って辞めたの。向こうの語学学校ってコースの修了はあっても卒業がないから、いつ終わらせても一生退学〜って感じなんだけど。ほんと世間のみなさまは当たり前にやってることだけど、毎日同じ時間に同じことするって生活が私は永遠に苦手。あと机も苦手。だから椅子に座ってじゃなくて、お仕事や好きなことをやる中で、英語を覚えていきたいなって。クソガキみたいな発言をしてるのはわかってますごめんなさい。笑 私は授業中より、授業の後にネイティブスピーカーに囲まれているときのほうが勉強できてた気がして。生きてる言葉に触れるほうが向いてる〜学べる〜って。

アメリカの事務所に入ってお仕事もしてるんだけど、事務所が決まるまでも大変だったなぁ。どこ行ってもNONONOで。メールしまくっても返事なんてこなかった。結局もともと友達の紹介で出会ってた人から「一緒にやりませんか」って誘われたの。これ、『HR』のときとパターン一緒じゃんって思った。求められてるものにハマろうとして、闘牛みたいに赤いマントに向かっていってもいつも空振り。ひたすら好きなことを続けて拾ってもらうほうが早いのかも。これからも拠点はアメリカで、日本のお仕事もしつつやりたいことに挑戦していこうと思っています。

私ってジャンル分けに困る人間なの。YouTuberとは違うし、モデルでもないし、なんてカテゴリなの？って聞かれることもあるけど、私にもわかんない。ただ目の前に来たことを、やりたいことをやっていこーって思ってます。私、基本的に人生に計画性がないから、ゴールなんて決まってない。このあとどこに着地するかはわかんないし一生ジャンル不明。だけど <mark>絶対ぶれない軸は「人をハピネスにする仕事をしてたい」ってこと</mark>。何かの職業ジャンルにハマんなくてもいいのかなーって。自分が何者かってことよりも、「エンターテインメントの世界で人を幸せにする」っていう夢に近づけてることが私にとっては大切なんだよね。他の何でもない、私は将来kemioになりたい！

そりゃさー毎日生きてたらいろんなことあるしそんな人生ストトントントンって絵に描いたようにうまくいくわけないから

さ落ち込むことも失敗することもある、だけどね Nobody is perfect だよってハンナ・モンタナが教えてくれたんだ。

私を泣かせる相手に恨みはないの、

　　　　　強くしてくれてありがとうなの

第 2 章

人間関係わんこそば

みんな人間関係実験中。
自分ビーカーに入れてぐるぐる回して
失敗したら爆発してればいいよ

人間関係って失敗しないと何も進まなくない？　自分で動かないと、学べない。誰かに相談したりアドバイスしてもらったりっていうのはもちろん大事だけど、結局そのフィールドで戦うのは自分なんだよね。

これを言ったらKYと思われないかな？　嫌われないかな？　とかいろいろ考えちゃうこともある。でもさ、そんなふうにあれこれ **ABCDEの道を予想してみたところで、実際やってみたらZでした！みたいなこと多くない？** 「あれ？　私考えすぎてた？」って感じで、予想してた怖いバッドエンドなんてどこにもなくて、なーんにも悪く思われないことっとかあるある。「私の気持ちなんてあんたにはわか

んないよ！」って台詞をよく聞くけど、本当にその通りなの。人の気持ちなんて、考えたって正解なんか全然わかんない。

「嫌なことはちゃんと嫌って言ったほうがいい」なんて、いくら人に言われてもピンとこないよね。NOと伝えるのは勇気がいるし私も言うの怖いときある……。昔は、人から頼まれたことを嫌でもやることで、好きな気持ちが伝わればいいなとか思ってた。でも違う。嫌って言えずに引き受けてしまって、結局ちゃんとできない結果になるほうが迷惑をかけてしまうこともある。そう思って、だんだん言うようになった。それで、「嫌って伝えても大丈夫なんだ」って思う体験を繰り返してやっと「NO」って言う大切さに気付けたの。

人の意見はとりあえずふりかけとかスパイス程度に受け取ることにしてる。だってお母さんにアドバイスしてもらったところで、お母さんは私のフィールドに来て代わりに戦ってはくれないじゃん。だから、人のアドバイスなんて自分のビーカーに入れてぐるぐる回すくらいでいい。**失敗して爆発したらしたで、人生の歴史追加～って感じで変わっていける。**行動することでしか学べないんだよね、結局。そうやって「なんだーぜんぜん大丈夫じゃん！」ってZの結果を何回も体験しないと、脳って永遠に理解してくれないから。脳ってわりとメンヘラ

ウチらみーんな
ソーシャルメディアの奴隷。
時間制限なしの情報ビュッフェで
好きなものだけお皿に運びたい

SNSはウチらの脳みそをぶっ壊しにきてるよね〜。なんかやってるときに「あ、これInstagramに上げよう」とか思っちゃって、ああ私SNSに雇われてるわ……って思うことがしょっちゅうある。ウチらの生活にしっかりタグ付けされちゃって、完全に汚染しにきてると思う。でもいいところもいっぱいあって、私なんかSNSがなかったら今こうやってみんなの前にいられないわけだし。誰もが簡単に発信できるって、最高！ ありがとうテクノロジー！ って言うてますけども、やっぱなんでもいいところだけーなんてことはないよね。

==みーんなSNSサイコ。感染してる。==

第2章 人間関係わんこそば

必要以上にみんなの生活が見えちゃって「え、みんなパーティー行きがち」「こんな寂しいの私だけなんですか〜?」って思っちゃうこともあるよね。わかる! 昔より悩まなくてもいいトピックに時間をかけてしまうことが増えた気がする。でもさー悲しかったこととか、本当の大事な芯の部分とかは、あんまりSNSに上げなくない? みんな自分の楽しい人生のワンシーンだけをシェアハピしてるんだと思う。ベッドで泣いてるところのインスタライブなんて、一生しない。笑 それがSNSの見せ方だから、その世界がすべてではないってちゃーんと割り切って画面スクロールするしかないんだろうなって思う。

SNSに疲れちゃうのは、トップページに勝手にいろんな情報が入ってくるから。与えられた情報を読みさばいていくうちに、毒されて病んでいく。流れてくるものだけ読んでたら、そのレールに乗せられちゃうのきっと。SNS自体はしょうがないけど、生き方としてはさ、みんなGoogle型で探求していけばいいよね。自分のトップ画面には検索窓一個。そこに知りたいワードをブチ入れて、好きなものだけ見て生きていこ。時間制限のない情報ビュッフェで、自分の欲しいものだけお皿に運んでいきたいなぁ。

インターネットなんて
宇宙みたいな
もんだから、
そこで広がる
ネガティブなことに

エネルギーを注ぐのは
もったいない。
宇宙からヘイトコメントが
送られてきても
感情は一生安定。

いいねとかフォロワー数とか
評価を得たいのは当然よ。
数字だけで人のことを判断しなければ
全然オッケーだから

「いいねとかフォロワーの数を気にしてしまいます。そんな自分が嫌です」みたいな話をよく聞くんだけどね。気にするのわかる、当然だよ。だっていいねってうれしいじゃ〜ん！ やっぱり誰かが評価してくれたってことを、目で確認できるとアガるっしょ。自分の好きなことを発信して、評価を得たいっていう願望は普通のことじゃない？ みんなそうじゃないかな。それに夢によっては数字が必要なときもあるし、数字を完全に否定するのも違うじゃんって思う。特に私はそれでお仕事してる身だしね。みんなからのフォローもいいねもちょーうれしいの。夢や仕事につながってなくても、ゲーム感覚でいいねを集めてるのも、いいねもらったらアガる

からって純粋な感情からでも、楽しんでるんなら数字集めも全然オッケーだよ♡

ただし、数字中毒者は論外だと思う。人のこと数字だけで見る人っているじゃん。私のこと100万とか呼ばないでよ受刑者じゃないのって感じ。「この人はフォロワー多いからつるむ」とかって言っちゃう人は沈めたーい♡ 言っとくけど、私にフォロワーがいなかったら絡んでこないような人なんてこっちから願い下げだからね。その人が友達になってるフォロワー数多いやつ、フォロワー買ってるかもよ？って感じ。ハハハハア。そもそもね、実際の私はこの数字なんかよりすごいんだからってそう信じてる。いいねの数なんて二の次だよ。**画面に表示されてる数字なんてオプションなの。**それがわかんなくなってる、時代が生んだ中毒者のみなさん。私もSNSの奴隷よ。だけど、自分のことを伝えたり、夢を叶えたりするためのツールとして数字を扱ってもらいたい。数字はその人の、人間関係のプロフィールじゃないの。私は、「仕事で使うもの」って完全に線引いて、距離をとることにしてるわ。

暇つぶしの感性が独特な謎アンチなんてスルーでしょ。弁護士に相談したら5万円くらいでぶったおせんじゃね？

SNSでの悪口って簡単に発信できることから起きる問題。パッて思い浮かんだことを、考えないでそのまま送信〜ってしちゃう。それで相手を傷つけちゃってる状況なんだと思う。私もたまにアンチからメッセージをいただくわけですけれども、頭のいいアンチに「おおお」ってぐうの音も出なくなっちゃうこともあるわけですけれども、**悪口ばっか言ってくるアンチは「暇つぶしが独特〜」って流してる。**本当に独特じゃなーい？ 嫌いっていう気持ちで誰かをネットで叩いてみようっていう行動、わからなすぎて。ほんと独特な暇つぶしおつかれさまです、私はその時間、時給で働いてお金稼ぎたいんだけど、ちな、あなたにもバイトル紹介しようか？ つ

て。本当に嫌いで叩いている人もいるんだろうけど、結局そういう人たちの中には自分の感情に素直になれてない人もいるのかなって思うよ。どこかで妬んでしまって素直に「いいね！」って言えないから、その気持ちを悪口を言うことでどうにかして消してるんじゃないかなぁ。自分の「うらやましいな」って気持ちを認めちゃって、自分が目指すものになれるように頑張ったほうが秒なのに、もう一度、本当におつかれさまでーす！

アンチ〜みたいな大きな話じゃなくて、学校や会社の人に小規模に悪口書かれてるってパターンもあるよね。会った友達に愚痴るより手軽なのかな？なんなんだろうね？　本気ひでぇな、これいじめじゃんって状況になったときには、あっさり弁護士案件にしちゃおー。知らないけど5万円くらいで頼めるんじゃない？　それでもらった賠償金で、自分の夢とかやりたいことやっちゃお。夢の賭けにそのお金使っちゃお〜♡　賠償金でベガスできちゃうラッキー♡って。嫌なやつにエネルギー削がれる必要なんてないのはもちろんだけど、だからってこっちも同じステージに立って悪口でやり返す必要も絶対にないと思う。ウチらは誰かを傷つけるためにこの世に生まれてきたわけじゃない。

人間関係負け犬状態に
なるってわかってても

人に嫌なことしないのは、
ひとつの強さだよ。

すぐ容量パンパンになるから苦手な人のデータはどんどん削除。ネガティブのインフルエンスはお断りさせていただきます

　苦手な人の話を保存してる容量はないよ。一生ない。うっかり記憶しちゃったら、どんどん削除していくしかない。特にいっつも「こんな最悪なことがあって〜！」って問題話のマイナス垂れ流してる人。あの人たちの話とか、私まじで聞いてないかも。**次から次へと悲しいドラマをふくらませて、もう自分で脚本書いちゃってるよねって人たちのお話ね。**気付いたら長編作品じゃ〜んって状況になってるし、お願いだから勝手にテレビ局に送ってMoneyに換えていただける？って。スルーよ、スルー。その話3分で終わるのに、自分で2時間作品に引き延ばしちゃってない？ 的なことも多いし。もちろんみんな、自分の人生の脚本を書きたいものだと思

うよ。私も書きたいもん。でも、ヘンに盛りすぎた脚本って、わざとらしいドラマになっちゃう気がする。

そういう人の話って、たまに知ってる人の愚痴的なことが出てくるんだよね。たとえば共通の友達に対する悪口を言ってるみたいな状況。とりま好き嫌いはしょうがないと思う。トマトは嫌いだけどケチャップは好き。**人間関係のハッピーセットにも「嫌い」っておまけが勝手についてきちゃうの。** それはわかるんだけど、その子のことが好きで友達な私にまで、嫌いをシェアしないでほしい。私はそのおまけ好きなのにーって。相談されるのはアリだけど、味方が欲しいから吹き込んじゃえ！っていうノリはナシかな。だから自分の友達の悪口言われちゃったらはっきり言うよ。「それ口に出さないほうがよくない？」って。嫌いをインフルエンスされるのって気分がよくないし、ほんとそのインフルエンス、ワクチン必要なんですけどー。しかも軽々しく人のことを悪く言う人って私のことも絶対ネガティブキャンペーンしてくれちゃってるから、もう全然信用できなーい。仲間作って「ムカつくよね」ってやるのなんでなの？ 永遠にわからない。私にあなたの「嫌い」の価値観、押し付けてこないでくださいって言いたいわ。

疲れたのPR活動ばっかしてると
人生がチープな作品化しちゃう。
頑張って疲れたなら
報告UPする前に蒸気でホットアイマスク

「私は頑張ってる」「本当に疲れた」みたいなことSNSにUPする人ってけっこういるじゃない？ 載せたければ載せたっていいと思うんだけどね、「私は頑張ってっけどお前は？」っていう香りを出しまくってる人、あれちょっぴり苦手。せっかくの努力が一気に安っぽくなっちゃわない……？って。だってあなたはあなたの人生を生きてるし、それってまじビューティフルで億カラット級。自分の人生は、自分のもの。誰かに褒められたいだけのものになっちゃって、誰かの反応だけを求めて頑張ってるんだったら、それはもう人生じゃなくて演劇活動よ。エンターテインメント活動に勤しんでらっしゃるのね、って思っちゃって、一生受け流しまくり

からのムーディ勝山。「へぇ楽しそうだね」って。そういう人たちって露骨に自分のお話しかしないしねー。ほんと、疲れたなら長文UPしないで、蒸気でホットアイマスクして寝なよー。睡眠って体力にバカ影響するって2017年くらいに学んだまぢだよ！

人と向き合うのは大事なこと。そうは言っても、疲れたPR活動の広報担当〜〜みたいな人の報告を全部が全部100で入れるとエネルギー消費しちゃってガス欠。だから「頭に入れとこ」って思うことだけセーブしとけばいいと思う。だってその人の話を真面目に受け止めてたら、自分の頑張りが足りてない気がして、つぶれちゃうかもしれないもん。**こうでなきゃいけないってExampleはないから、これ入れたら疲れんなって情報はスワイプしてどんどん消してこ。** 極論、この人といるのはもう無理かなって思ったら、フェードアウトしたっていいんだよ。楽に生きやすい感じの取捨選択するのってちょー大事。人と人との絡みは予期せぬことばかり。だからコントロールできるとこは積極的に操って、セルフで疲労を減らしていくのがスマートなんじゃないかと思う。

クソみてぇな人間に傷つけられて
人生足踏みしちゃう前に、
自分に合ったセルフセラピー
探してアゲてこ

本当にいじわるな人ってなぜかいるし、傷つけてくる人はデスノートに名前書いちゃうよ？ってテンションなんだけど、避けられないよね。私もアメリカで仲良かった友達から、金銭面でバーン！ってされたことがあって、めっちゃ傷ついたー。その友達とはちょーもめて、警察呼ばれそうになったかんね。泣いたー。そのときは日本帰ろうかなとまで本気で思ったけど、よく考えたら「なんであんなクソみたいな人間にボロボロにされなきゃいけねぇんだよ」って気持ちになって、「強くしてくれてありがと」って切り替えて乗り切った。あとそういう裏切ったことって、結局本人に返ってくると思うの。「悪い人にバチが当たってるの見たこと

ない」っていう人もいるけど、隠してるだけじゃない？　そういう人たちってだいたい自分のことデカく見せたがるから「羽、片方なくなりました。。」とか報告なんて絶対しない。きっと隠してる羽はボロボロよ。どんどんみんなが優しくしてくれなくなっていくんだから。

私は人からどんなひどいことされても、過去には戻れないわけだし進むしかないってシンプルな考えに落ち着きがち。バチ当てるのは神様に任せて、「次に似たような人に出会ったらこうしよう」って勉強できたから100％悪いことではなかったよねっていうポジティブの精神で落ち込むのやめちゃう。それは、思い込みでもいいの。「強くしてくれてありがとうございます、はい次」って受け止めて進めたら勝ちじゃない？　どんな方法でもいいから、気持ちの落ち着け方、休め方を見つけて、**いつだって自分が自分の味方でいてあげるの。**風邪薬はあるけど心の傷の薬はない。だから自分で「次行こ」って思うためのセルフセラピーを行ってください。セラピーの形は人それぞれ合うものが違いますので、自分に効果的な方法を探して、用法用量を守って正しくお使いください。はい次ー。

「絶対に誰にも言わないでね」って言葉、後ろに「#ちょっとでもいいと思ったらRT」ってタグ付いてると思って発したほうがいいわ。追加オーダーが

止まらなくて話が盛り盛りで回っちゃっても、最初にそのツイートしたのは自分なんだからしょうがない。本当に知られたくないことは紙に書いて燃やしな！

人間関係の待ちの姿勢って
宝くじ一等を夢見てるのと同じ。
自分から電波立てないと
死ぬまで圏外で終わるよ

　特に学生って「この教室がすべて」って考えがちだから、周りの人になじめなーいと思うともう絶望のお祭りになっちゃうもんなんだけど、卒業したらどんどん違う人に会えるし環境も変わるから大丈夫。別になじみたくないならそのままでいいんだからね。私、男子がよくやってる、女子の容姿があーだこーだっていう、なんか勝手に上に立っちゃってる態度が嫌いで、そういう人たちには歩み寄りたくもなかったの。だから必要最小限にしか関わってなかった。もうなじめないならぼーっとするしかなくて、でも「時間すぎろー」って思うと１００万年くらいに感じちゃうから、一生ケータイとか触ってた。そんな中でも、原宿とか自分が心地よい場所

に行けば、なじめる相手は見つかってた。今いる場所に居場所を探さなきゃいけないってことはないの。

だけどそうじゃなくて、本当はこの場所になじみたいのに無理って人もいるよね。ただ、誰かがなじめる環境を作ってくれるとか思ってたら一生圏外のままなんじゃないかなぁ。「自分が楽しくなるようにして!」って周りに思ってるのは自己中かも。自分から手を差し出さないと、誰かが勝手に手を差し伸べてくれることなんて宝くじが当たるより低い確率だと思う。別に自分を大きく変える必要なんかなくて、物を貸したりとか服にツッコまれて会話に入れた!とか小さいきっかけから、広げていく姿勢が大事じゃないかな。私はそう思って、アメリカではささいなきっかけから会話してみたりしてる! だって、周りの人が「人と話さない感じの子なのかな?」って勝手に思って、あえて話しかけてきてない可能性もあるし。歩み寄ったら100%弾かれるわけじゃないと思うよ。<mark>待ち続けてるうちに秒で人生終わっちゃう。</mark>それでもいいなら全然OKだけど、状況を変えたいなら今すぐ自分から電波立ててかないと、ひとりぼっちで圏外のまま棺桶よ。

人見知り

「私人見知りなんです〜」とか
シェアハピしちゃう系のギャル、
アゲだよね。笑
だって宣言して周りに
気を使ってもらって
うまく絡んでるその感じ、
絶対人見知りじゃなくない？
上手くない？

こちとら人見知りに
見えないように
めちゃめちゃ消耗しちゃって
ガス欠だし「人見知り」の
Hすら言えたことないんだが。

いろんな人に会えば会うほど、
頭の中のプロファイルが増えて
サバイブの仕方ブックが
勝手にできてくの。
経験せよ。人に会え。
人間関係わんこそばしとけ!

事前情報はジャマなの。「あの人は怒りっぽいらしい」とか余計なフィルターがあると悩む要素が増えちゃうから。何も知らなければ「この人のこと知りたい!」っていう気持ちだけで動ける。ウチも、相手にこう思われてそうとか勝手に証拠集めしてセルフで事故でっち上げる思考回路がたまにあるから困ってたりする。消えろおおおお!!

ちな初対面から
ゴリゴリに自分インフォメーション
飛ばしてくる距離感ない人より、
人見知りの人のほうが
私は好き。笑

人間関係のコツは
何度もチャンスを与えないこと。
期待し続けてずるずる傷つく前に
オペして切除だよ

　人間関係ってね、期待するから、相手が応えてくれなかったときに損した気持ちになるんだよ。自分で勝手に期待して、悲しくなってるだけ。「返ってくればラッキー」って思えてればダメージ削減だよね。だけど期待する、わかる。しちゃう。笑　ちゃんと話したのに相手がわかってくれないとき、ずるずる引きずられたときは「もういいや」って諦めることもある。チャンスをたくさん与えちゃダメなの。チャンスって言うと上からっぽくてなんか感じ悪いけど。変わってほしいと思っても、相手が人生で何年も積み重ねてきた性格が、こっちの言葉ですぐ変わるわけな

いんだし。何回も許すと「この人は結局許してくれる」ってナメられるかもしれないし、そんなやつに割いてる時間なんてなくないか？ そういう腫瘍みたいな人をずっと抱え続けててもモヤモヤするだけな気がする。切断するのもつらいと思うけど、手術は早めが大事ー。さっさと切除して医療用ホチキスでとめてください。鈍い痛みが続くより、一瞬の痛みのほうがいいから。

って言ってると「冷た〜い」とか「政治やってるみたいだね」とか言われちゃうんだけど、むしろ全然「この法案は却下」みたいなテンションでいいと思う。ICU入る前に、オペしたほうがいいに決まってる。**人間関係も、カメラロールと同じで掃除が必要。変わってくれない人が陣取ってるせいで、大事な人が見つかりにくくなっちゃうなんて嫌じゃない？** とんでもない悪性になる前にポリープは取っとこ。持病はいらない。スティヘルシーよ。そうやって離ればなれになってしまった人でも時間を経てきっとどこかでまた出会えると信じてる。でもかなしい。

1回黒の絵の具を足したら一生黒になっちゃうのが人間関係。黒くて嫌な感情は飲み込む前に吐き出し合って一生好き安定

　友達と何かあったときは、口論になりそうになっても、その場ではあんまり言い返さない。とりあえず1回その気持ちをひとりの時間に持ち帰るようにしてる。「なんて言い返せばいいかわからない」とかじゃなくて、冷静に「どうしてこうなっちゃったんだろう」を考えたいから。感情的になると見逃してしまうことが絶対あると思う。1回視点をクリアにして、ちゃんと考えたいんだ、わがままかもだけど。仲直りするためでも攻略するためでもない。**周りの空気がにごるから、大切なものって絶対見えなくなる。人間の感情がヒートアップすると**だから、そのにごった空気を抜きに帰るの。その場では「は？　何言ってんの？」って言い返したくな

っても、よく考えてみたら過去の自分の行動が悪かったっていうことに気付けたり、謝るべきだってわかったりするよ。で、それを後から伝えるー。

だけど、友達との衝突を避けようとはしてない。言いたいことがあったら言うタイプ。そして、言ってほしいタイプ。ちゃんと言い合えてるからこそ、友達とはおたがい理解し合って許し合えてる。私も間違ってることあるし、ここが嫌だって顔を見て言ってほしい。**だって相手のこと嫌って気持ちを飲み込んだら、その嫌のしずくで体全部染まっちゃうから。**「この気持ち消したい」って何回も何回もいろんな絵の具を足してみるけど、1回黒を入れたら一生黒なんだよね。だから言っちゃう。相手にもそうなってほしくないから、言われたい。本当は嫌のしずくてないノードラマのみんなハッピーいつでも平行線♡な人間関係がいちばんいいけど、「あれ？」って気持ちは人付き合いにはつきものだから。永遠に好きでいるために私は言いたいこと言うし、私のこともコテンパンに言ってほしい。（面倒な人間かも‥。笑）

気にしすぎると何もできなくなって超絶難しいから素直になるのが早い。

「私のトピックでーす聞いて！」って幼少期みたいに自信持って言おう。自慢も、「うらやましい」って言わせたそうな発言も全部そう。「バッグ買ってもらった〜♡」みたいな人を見ると興ざめで「うらやましいって言うとでも思いましたか〜？」って。自分が思うほど、他人はあなたに興味持ってないわよって。

「私のこと承認して！」っていう欲求が透けまくってる投稿とか発言って萎えだよね〜。尊敬とかそういうものは買えないし、くださいって頼むものではなくていつのまにか得てるはずのものなのに、自分から求めちゃってるのはなんか違うっていうか。

でも、どう思われるかを気にしすぎてると何も言えなくなっちゃうのも事実。子どものころは、何が間違いとかまったく知らなくて、変なフィルターがなかったか

ら、何でも素直にマシンガンで話せてた。でも今はこれが間違いですフィルターが何層にもなって、身動き取れなくなっちゃってる状態。本当に知識が焼け野原だった時代に戻りたーい！ あのときどういう感じでしゃべってたのかとか、全然覚えてない！ 戻りたい！ 気にしいの人が多い世の中、マウンティングだとかすぐ言われちゃう世の中、どう取られるか考えすぎたら何もできないんだよね。わかる。でもさー、思ったんだけど、本当にヤバい態度を取ったら友達が注意してくれるくない？ 私、注意されることよくあるもん。だから、周りの友達を信用して、話したいことは素直に「私のトピックでーす！」「聞いてくださーい！」ってストレートに言っちゃうのがいちばんな気がしてる。あ、うらやましがられたいとか、尊敬されたいとか、自分を大きく見せたがる気持ちはナシね。「聞いて聞いて」って子どもみたいに素直に、そして「妬むなら妬めば？」っていうくらいの開き直りで、話したいことは話してっちゃうのがいいかも。人間関係のバランスって何千回も言うけど難しいね、、、これ書いてて思う。笑

友達や居場所なんて探さなくてもいいんじゃね？　自分を苦しめてるのは状況じゃなく「友達絶対必要」って思っちゃう脳なのかも

　私、小学生のころいじめられてたし、居場所なんてどこにもなかったのね。だけど、いつのまにか自然と自分がきれいに収まれる場所に収まった。解決方法なんて、探っても探っても冷静にわかんなかったし、偶然にまかせてここまできたの。人によっては居場所や友達を「探しなさい」とか「見つけるべきだ」って言うけど、私はそれで苦しくなったタイプ。居場所を絶対に見つけなきゃって脳みそになってると、我慢してでも今いる場所に収まろうとしちゃうでしょ？　でも、無理して頑張って永遠につらくなる場所って、それは居場所とは違うのかなって思う。**自分を殺して見つけた居場所って、最終的に自分を苦しめる。**ここじゃないってことを認め

てダメージを削減するのも一つの方法。エコなやりかただよ。あなたが今なじまなきゃいけないって思ってる場所が世界のすべてではないわけだし、そのつらい環境で死ぬまで過ごさなきゃいけないことなんかない。私はそれを、高校のころ、原宿という街に出会って学びました。

じゃあ自分を苦しめない居場所って具体的にどういうとこー？って思うよね。私なりの回答を教えます。それは「自分を大きく見せずにいられる」場所。私は友達の前では見栄を張る必要がないし、だらーんとしすぎてる姿を見せてしまうときもある気がする。そういう居場所があると、他の世界で「大したことないね」とかってディスられても、「ああ、ここではそう言われちゃうのね。でも私には居心地のいい他の世界があるから大丈夫でーす！」って思える。その場所の見つけ方はね、正直言ってわからないの……自然とできてた。似たような悩みとか家庭環境とかを持っていることで近づいた人も多いかな。**でもね、居場所を探すのって富士急の絶望要塞ばりの迷路。だから、なかなか見つからないのが普通なの。**いつ見つかるかは人それぞれだから、焦る必要なんかない。

友達と親友

気が合うとか落ち着くとか、
そういうシンプルなことを
人間関係ダークホールの中で
見つけ出すって難しい。

友達が少ないとか、
連絡が取れないとかで
孤独を感じがちよね。
それはあなただけじゃなくて、
私にも孤独があるし、
楽しそうに見える友達にも
孤独がある。
ウチら一生孤独サークルだと思う。

親友とか友達とかの定義って、
誰かがくれた回答がテトリスみたいに
ハマることはないの。
カスタムして自分の腑に落ちる答えを
作っていこ。

何月何日に恋人ができたとか、そういうことを全部全部シェアしなくても仲がいいのが親友じゃない？
私、「え、彼氏いたの？ 知らないし」って状況よくある。でもこういう関係のほうが見えない何かを感じるときもある。。たとえ会う回数や、最近のキャッチアップが減ってもウチらはみんな同じ空のした！

ちな、みんな私と友達になりたいって
言ってくれてうれしいけど、
たぶん実際なったらシフト制で
いいなって思うくらい、
うるさくてウザいと思う。

「はいa.k.a.帰りたい」では
自分の軸は傷つかない

こいつにエネルギー使いたくねぇって
ときはサービスのYESでやり過ごす。

　中高生のとき、先生からわけわかんないことで怒られたりしてたー。今でも似たような状況あったりする。みんなもそうだと思うけど、本気でぶつかりたくもない意見って あるじゃない？　理不尽牧場みたいな「まじありえなくなーい？」みたいな話を延々されてるときに、うっかり素直に「NO」って言っちゃったら話が長引きそうでつらみ〜みたいな。この場が終わったら、もうこの人と関わることもないのにみたいな。それなら全然もう「はいはい」って受け入れたふりして流しちゃってサバイブするのもいいと思う。 ==ひとつひとつのことにエネルギー100とか、いちいち使ってたら死ぬ。== そのエネルギーは、自分のやりたい方向に駒を進めること

に使ったほうがいいんだよ。生き方としてずるいのかもしれないけど、じゃないと息絶える〜。自分の意見と違ってモヤモヤするんだったら、自分語で「帰りたい」っていう意味で「はい」って言ってると思おう！笑　私もこの「はい a.k.a.帰りたい」すっごく使ってるから。「はい」「はい」「はい」って刻みながらそのリズムで「帰ろ」「おつかれ」帰ってググるからアドバイスいらないよ」って頭ん中で思ってればいいの。

こんな感じになんでもかんでもパスしちゃうクセがあって、それが私の悪いとこかなとも思ってるんだけど、自分を守るためだからしょうがないときもある。相手に好きなこと言わせてあげるという、こちらサービスの「はい」です。笑　**サービス精神提供しただけで、心も夢も軸も傷つきませんし、自分を曲げたことにもなりません。** めんどくさいことから自分を守るための「はい」を使って、むしろ傷を少なくしてる状況でしょ。エコだよね♡　自分の思っていることを言いたいときには全部のエネルギー使ってぶつからなくちゃいけないんだから、そのとき用にエネルギーは取っておかなきゃね。

小さい頃より泣かなくなったけど、今は涙の一滴

が大ダメージ与えてくるから簡単には泣けない。

一生

#出口の見えないカンバセーション だわ

第 3 章

恋なんて、、

人を愛することには変わりないから男性とも女性とも恋に落ちたことがある。

「やっぱそうなんだw」とか言うやつはバイバーイ

初めてお話しするんだけど、私の恋愛対象は男の人。昔は彼女がいたこともあって、そもそも好きな人の性別を考えたことがあんまりなかった。だって、人を愛することには変わりないから。ちな、今ウチはゲイ。ググったら同性愛者って出てきた！女性になりたいと思ったことは、ちな、ない。男性でいることを24h365日でエンジョイしてます！

公表してなかったのにはわけがあって、わけというか「どっちもいけたら面白いのに」「そこ使って仕事しよう」とかっていろんな人から言われて嫌だったから。私はセクシュアリティをお金に換える気は絶対言わねー!!とそのとき強く思った。

なかったし、人に面白がられる意味もわからなかったし、自分の中にだけあればいいものだと思ってた。それでお仕事がなくなるならどうぞなくなってください、って。もちろんみんなの前に立って堂々と主張するのも、それを個性にして活躍するのも、素晴らしいことだと思う。でも私は違ったの。あと、そういうのを大々的に報告しなくてはいけない時代ではもうないとも思ってた。

ずっと「言う必要ないべ」って思ってたけど、知ってもらってもいいと思ったきっかけがあって、それはあるとき女の人から「女性と付き合ってて悩んでる」って相談のメッセージをもらったこと。私なんかウソついてない？って気持ちになった。この人の悩みに正直に答えられてるのかなって。ほかの人からの相談を受けたときも「自分がいちばん逃げてるのかもな」って思いが浮かんできた。だから、この話をすることによって、誰かに「こういう考え方もあるんだ」って思ってもらえたらそれは素敵なことなのかもなって。これをお知らせしちゃったら、「やっぱそうなんだw」「だからそういう喋り方ねw」みたいに自分の知ってる枠にはめて笑ってくる人もいると思うけど。そういう人はバイバーイって感じ。時代の流れに取り残されないでね注意報発令♡

普通に恋してるだけだし
みんなと一緒だと思ってる。
特別扱いしてほしいとか
言いたいわけじゃない

セクシュアリティについて、私そんなに大ごとだと思ってないのね。去年、祖父母にも日本帰ったときにお話しした。まあ祖父母は「誰にも言わないで！」って思ってるっぽいけど、価値観を押し付け合いたくないからまぁいっかって。どう捉えるかも相手の自由だし。大切な家族には、認めてほしいとかじゃなくてただ知っていてほしかっただけなんだ。そういう属性を嫌だって言われても、それは私のチョイスじゃないし、変えられないし。ちな、ウチら世代って意外と気にしてない子が多いのかも。私が友達とかに伝えたときは「へーそうなんだ」っていうかむしろ「それわざわざ言わなくてもよくね？」くらいのテンションだったし、私も「それ

なー」って感じだった。**特別扱いしてほしいわけじゃなくって、むしろみんなと一緒だよって伝えたい。**どうしていちいちトピックになっちゃうの？　私は普通に恋愛してるだけなのに○○。って。

とか言ってるけど。私は「キモ」とか言われても「別に何？」って思えるけど、みんながみんなそんなふうに割り切れないのもわかる。でも、大事な人には知っていてほしいよね。ひとつお伝えしたいんだけど、意外と変な反応は返ってこなかったりするよ。思ってる以上に重視されてなかった！みたいな。少なくとも私はそうだったの。センシティブな問題だから、「すぐカミングアウトしよう」って話では全然ないんだけど、バレたら終わるって思い詰めすぎないでほしい。

とにかく、私自身は普通だと思ってる。アメリカで、ベビーカーを押している男性2人組がナチュラルに溶け込んでるような場所で暮らして、もっとそう思えたの。ひとりだなんて絶対に思わないでほしい。あなたは変ではないし、変って笑われたらお前は普通でつまらないねって言ってやるくらいでいたら大丈夫。愛は一生愛でラブみ♡

最初に恋愛は男女って決めたの
アダムとイブって人だっけ？
とりまよくわからないから
まぁいっかー

セクシュアルマイノリティの方々が生きづらいなって思っちゃうのは、知らない世界に対して偏見の目を持つ人が多いからじゃないのかなーって思うよ。私、「オネエ」って言われるのは嫌だったけど、それはその言葉自体が嫌なんじゃなくて、いろんな人がいるのに、言った側の知識不足によって自動で一緒くたにカテゴライズされちゃってるのが嫌だったの。だから、「オネエなんですか？」って聞かれたら、「オネエってなんですか？」って聞き返してた。**だから知ること、相手を理解して受け入れるのってとても大切なことだと思う。**LGBTQのこと、よくわかんないままなんとなく偏見がある人は、まず知ってほ

しいと思う。特別扱いしてよ！って話じゃないし、受け入れられないとかはそのあとの話だよ。まぁカミングアウトについての考え方も人それぞれだと思うんだけど、私はそんな感じです。

日本を飛び出していろんな世界の人と出会って、オープンな人が多いことがとても勉強になった。アメリカの友達とお話ししてると「日本って街とかはすごいのに社会的な部分は進んでないんだね」とかって辛口な意見をいただくこともある。人権的な部分の後進にびっくり、みたいな。全員が全員そういう偏見があるってわけじゃないし、時代は少しずつ変わってるとは思う。さっきも言いたけど、自分らしく生きられる環境になりつつあると私は感じてる。相手を受け入れる、温かい心を持つ人であふれる時代が近いといいなぁ。そもそも「男女の恋愛が普通」とか言い出したのって、アダムとイブって人だっけ？　違う？　なんにしろ、すごい前だよ！　理解を深めてどんな人にも温かく接したほうがきっとみんな幸せだと思うなぁ。知らないことを知るとか、わからないものを受け入れていくことって、思いやりであり強さでもあると思う。

好きな人の性別とか
どっちでもよくない？
男女の恋愛が当たり前
だとか言ってる人は

もう少しホカホカに
なったほうが、
世界みんなで
ピースピースだと思う。

世の中みんな
恋愛戦闘態勢に入りすぎ。
勝手に勝ち負けゲームに乗せて
勝手に敗北扱いするんじゃないよ

ほんとさぁ、何回も言ってるし何度だって言うんだけど、恋人がいるほうがえらいむしろ絶対必須みたいなの、そろそろ終了を願っている。おかげで「やだ彼氏いないし好きな人すらいないし私って負け組？」みたいなこと思っちゃう乙女続出〜って感じになっちゃってて、腑に落ちない！　人それぞれの「好き」の形がたまたまふたりで一緒になって、付き合う〜とか結婚〜ってなるわけじゃん。「誰でもいいから恋人欲しい！」みたいなノリは冷静にちがくない？　本音を言うと私はね、友達にもわざわざシェアしないような何気ないこともブチ放り投げられるような存在を永遠に求めてる。。たとえば「今日晴れだね♪」みたいなことを。。でもそんな

家族みたいになれる人なんて地球上に3人くらいしかいないよね、きっと。あとなんかさ、広告とかで「非リアの皆さん」みたいなメッセージとかがあるけど、**なんで恋してないウチらが負けみたいなノリで世間にさらされてんの？って感じだし、恋愛って愛を深め合うものだし勝ち負けじゃねーかんな？**って思う！

恋愛に興味がないっていう人もいるけど、そんなの100％大丈夫だよ。もう2019年でございますって感じ。すべてのことに関してそうだけど、自分の価値観を人に押し付けるっていうのはナンセンス。そんなどっかの大昔時代みたいなこともうやめて！恋人がいなくても結婚してなくても、自分の趣味とかやりたいことに100％の力を注いで幸せになってる人なんていくらでもいると思う。「最終ゴールは結婚」みたいになってるのも、私あんまり納得できてないし。幸せの形なんてそれぞれなのに「恋愛してないのー？ なんでー？」とかって**勝手にゲームに参加させられて、勝手に敗北させられるのは本当にムカつくし、普通に対戦したら勝てるのになめんなよ**って感じです。私はそんなこと気にしませんけどワッサー!!って自分で幸せになって、一生相手にしなくていいと思うー。

恋って一生のルーティンの中でたまたまタイミングがあってイェイイェイってなるものであって絶対必須のアイテムじゃない。非リア充が下とか恋愛してる人が勝

ちとかいつの間にゲームになっちゃったの？　運命っていうものが来るのを待ち構えて「好き」の気持ちの形が一緒になる相手が出てくるまでスマホでも見てな。

好きな人が欲しいなら
狩りの態勢を崩しちゃダメ。
一緒に墓にブチ入りたいくらい
愛を深められる相手だけを探して

　でもとりあえず、本当に心の底から「好き」って思える相手を探し求めたいって人もいるよねー。わかる。私も恋愛なんてできることならほんとにしたーい。ペアルックだって棺桶入るまでにはやりたいし、プレゼントとかも考えたいし、誰かの所有物になってみたい。縛られてみたーい。それってキッザニア東京じゃ体験できない？

　ひとつ言えるのは好きな人が欲しいなら、狩りに出続けなきゃダメってこと。「恋愛なんてタイミングだから」って待ち続けてたら、ガラスの靴は落とせないかんね？　私一度調べたことがあるんだけど、やっぱ出会いを探し求めてるとホルモ

ンが分泌されるんだって。そのホルモンが出れば出まくるほど魅力が増すんだって。つまり、狩りに出る足を止めた瞬間、あなたのホルモンも止まるの。だからとにかく出かけるしかないっぽい。出会いの場に足を運んで、違う世界に飛び込んでいって、違う人たちと違う経験をするのが大事なんだよね。ってゆうてますけど、私全然できてませーん。ペンを拾ってもらって「好きかも……」とか思っちゃうような幼稚園？　成長大丈夫？みたいなレベルの経験を繰り返しております。おほほほ。

好きな人が欲しいのにできないっていう人にも、いろいろなタイプがいると思うんだよね。まず、理想が高い人。とりま、完全に理想の人なんていないと思うよ。どこかしら悪いところがあっても、ちょっと大人になって受け止める優しさがないとダメなんじゃないかな。もちろんこれはおたがいにね。そして、「好きって何？」

「これは友情？　恋？」って混乱してわかんなくなっちゃってる人。好きかどうかわからない的な悩みを持つ人へ私からのアドバイスはこちら。**恋に迷ったときの必須Questionにして。その人と墓、入りたいですか？**。これ、入りたい〜一緒に散骨されたい〜♡ってなったら、それは本気の恋だよ！

好きな人の探し方

顔を重視する人は、
ヘアカタとか見てさー
その中で好みの
タイプの人探して、
御本人にDM送っちゃえばいいよ。
全然アリだと思いつつあるよ。

私の場合は、
友達や家族とは違う形で、
**私の足りない部分を
補ってくれる人を探してる。**

好みのタイプがわかんないなら、
とりま「恋空」とか「テラハ」で確認しよ。
どこに体験したい
ポイントがあるかわかれば、
どんな人が好きかわかるんじゃない?

ヤバい男ばっかり
好きになるからヤバい!って
話も聞くけど
別によくなーい?
ダメ男のお世話するのが
幸せでそれを選んでるなら、
立派に幸せな恋愛。
一般的に不幸とか幸せとか、
そういうので決めるのは
やめよーっと。

好きな人からのLINEとか秒で返すに決まってんじゃん！35億もライバルがいるんだから誰に取られるかわかんない

このあいだ、墓に入りたいとまでは行かないけど、墓地見学くらいは一緒にしたいなって相手がいて、その人が私の友達といい感じになってしまった。それ、仕方ないかってテンションだったのね。だって恋って制御できないし、呪いとかもかけられない。好きになられたからって、そっちにコロっていけるものじゃない。**どっちにいくかわからないからこそ、人の気持ちだし、それが恋だよね。**だって自分も、誰かに好かれてたとしても、他の人を気になってしまったらその気持ちを止めることなんてできないから。私が一緒に墓入りたい！って思っても、相手にも入りたがってもらえないとダメなわけ。一人で散骨されるのなんてやだ！って

第3章 恋なんて、、

感じではあるけど、まぁ仕方ないよね。

私は、好きになってもらいたいからって、自分を変えようとはしない。それは違うのかなって思っちゃう。駆け引きとかも知らないわ。

かで、8年くらいお付き合いっていうものをしてない。そのせいで恋人いたのが高2と野原って感じだから、怖いものがないの。だから自分からご飯に誘ったりとか全然できる。全然怖くない。誰かに取られちゃう前に、素直に誘ったりしたほうがよくない？ いつでも次のチャンスがあるなんて思ってたらダメなんだろうなって思うよ。

素直になれないのは自分のせい。**駆け引きして恋をゲームとしてプレイしちゃったせいでうまくいかなかったとかザラだかんね。** だから私は好きな気持ちを秒でバラしちゃう。LINEも秒で返しちゃって、友達からは「ほんとキモいよ」「露骨すぎてビビる」とか言われるけど、「そー？」って言いながら送信ボタン押してる。

「ずっと待ってたって思われちゃうじゃん！」って、いや、私、ずっと待ってたし。だからすぐ送るかな。

想いを伝えただけで一歩進んだ戦士だよ。告白待ってる時間なさすぎるから男からも女からも言っちゃえ

いい商品は秒で完売しちゃう！**次のバイヤーに取られないように、LINE返信は秒でするし、しないで迷ってる間にソールドアウトしても文句は言えない。**って思考回路だから私はすぐストレートに好きって伝えてしまうの。百発百中で通るわけじゃないから告白には勇気が必要なんだけど、でも告白が唯一答えを知る方法だから。答え合わせを急げ〜？って。勇気が出ないなら、テラハ見て例文を学んで突き進んじゃおうGO！ テラハあんまり見たことないけど。。笑 だいたい傷つく覚悟をしてまで人のこと好きってマジヤバくね〜？ かっけくね〜？ 言おうか言わないでおこうかどうしようっていう気持ちを乗り越えているからこそ、告白に

は重みがあるんだし。とか言っても告白はなかなかできないもので、だからその迷いを「好き」でぶっ飛ばして想いを伝えた人は一歩進んだ戦士なの。誇りなー。
「告白は男からするものだ」みたいな風潮が安土桃山くらいからあるじゃん？ 侍魂が現代まで受け継がれちゃってるの？ ちな私はその文化に全然なじめない。女の子が「告白されない、なんで？」って言ってるのよく聞くけど、わかんない。「何回も遊んでるのに告白してこないのは、私のこと好きじゃないからかな」みたいな勝手な思い込みも生まれてるし。相手が友達気分なのか恋人気分なのかなんて、考えてもわからないよね。**相手も「何回か遊んだら好きになって告白する」なんて同じルールのもとに恋愛してるわけじゃないはず。** それなのに「告白されるまで待つ」ってちょっと物事がややこしくなりすぎなんですけど？ 女だろうが男だろうが、ただ待ってるのって、冷静に時間もったいなくね？ 変なの。不思議だあああああ。個人的には、言いたいほうが言えばいいし「言えない男は意気地なし」みたいな話でもないんじゃないかなと思ってるけど。「どっちから告白した」なんて私の周りでは話題に上ることもない。「告白された私」みたいなブランドが欲しいのかな。そんなの私なら秒で転売するわ〜。

失恋したなら遊べ次行け、Tinderスワイプしまくりな。そいつは人生の審査委員長じゃないんだから否定なんてされてない

二日酔いの日に迎え酒する感じで、迎え恋。失恋は、新しい恋で上書きするしかないんじゃないかな〜。なんかよく、「失恋には時間」って言われてるけど、私は違うと思うの。だって「あの人のこと好きだったな」って振り返りすぎてとらわれちゃって、取り残されたまま時代が進むこともあるし。失恋はもうね、**違う男とか女とかを用意して、そいつに染まって忘れろ！って話。**言葉の強さが文法ポルノだったら謝罪。でもそうなのかなって思う。うまく切り替えられないままでいいから、とりま恋が終わったなら遊びに出かけてください。フリーだし遊びまくれるイェーイってね。あと、「もう私、一生好きな人なんてできない気がするほんと終わった

〜」とか言う人に限ってすぐ次の恋しがち。

振られるって、全否定されてるみたいで傷つくよね、わかるの。後悔させてやるって強く決意するか、ストーカーして接見禁止出されて法で縛ってもらうしか離れる方法ない。でも、「こんなに頑張ったのになんで好きになってくれないの？」とか言うのは違うと思うの。相手からのアンサーもリスペクトすべきだし、振って行動自体は別にひどくもなんともないし。まぁ、もしひどい振られ方をしたとしたら、もっと素敵になって相手に思い知らせてやるべきだけど。私は平成のゴマキだぞって。え、もう令和になるの？

そもそもその人はあなたの人生の審査委員長じゃないから、振られたからって人格が否定されたわけじゃないの。かわいさだって性格だって否定されてない。ただ、「今お付き合いはできない」ってだけ。好きすぎて「その人が全世界！」っていうテンションになっちゃってるから、審査委員長に見えてるかもしれないけど。世界をもともとの広さで、パノラマでちゃんと見られれば「あ、大丈夫かも自分」って思えるから。冷静に視野を戻していこいこゴウゴウゴウひろみ。

もし浮気されたら
死んでください♡ってバイバイ。
でも許しちゃうのは
弱いってことじゃないよ

浮気は基本ダメだし私はされたら悲しいー!!って思うけど、本人同士が認めてるならアリなのかな。アメリカでは「オープン・リレーションシップ」っていう、同性愛の人に特に多いんだけど、恋人がいても、他の人と性行為してオッケーみたいな考え方があるんだよね。おたがいが納得してればいいと思う。でも、そうじゃなくて相手に隠してやってる人いるんだよね？　前に動画でみんなから懺悔エピソードを募集したら浮気の話がすっごくきたの。ほんとちょーびっくりするー。『昼顔』だけの話かと思ってたんですけどー!!　意外と身近ですげぇなって。みんなやることやりすぎじゃない？　スリルを味わっていらっしゃるの？　自分はしたくないし、

しないけど、どういう気持ちなんだろう。

よく浮気された子が、思い出とか情があるから別れるか迷う、みたいに言ってるのを聞くけど、それは友達同様、早々のオペが必要だと思う。だって絶対に持病状態になっちゃうでしょ？　付き合い続けても、たぶんいいことはないよね。私なら、そのまま許して付き合い続ける選択肢は絶対ない！　ナメられたくないからさよならバイバイ死んでくださーい♡ってお別れ。私のこと軽く扱ってるのを一生許せる気がしなーい。でもそこで別れられない子のことを、弱いとか思わないよ。今まで ずっと楽しかったから、許せないけど一緒にいたいって思う気持ち、ほんとわかる。私も裏切ってくる友達に対して昔そうだった。

「**て、私弱いな**」ってことじゃない。「**許したい**」は誰もが思うことだよ。**だから「浮気されたのに許しちゃっ**冷静に難しいわ。出口の見えないカンバセーションって感じね……。あと忘れないでこんなズラズラ恋愛について語ってるけど私の恋愛経験値は野原です。何言ってんだこいつって感じだよね。笑笑

キープ作って、何人か天秤にかけて次から次に渡り歩くやつは、消す。

自分が何も失わない状態で
ずるく恋するって、
みじめで残念。

体の関係は需要と供給がマッチしてたらアリ。
でも出会ってすぐ実技試験したら恋愛ジャンルの試験には落ちるよ

セフレっていう概念は全然アリだと思うわ。パートナーがいなければ。ベッドの上の実技試験って大事じゃない？ 男女ともに体のスキンシップって必要だと思うの。**恋愛とは関係なく、スキンシップする相手がいてもいいんじゃねと思ってるのが私、kemioです。**ふたりの中で成立してる関係ならオッケーでしょ。両者「お酒飲んでムラムラポイントが爆発してしまいました」的な状況だったらお互い様なんじゃねって。生きてく上でそういうアクティビティも必要だよねってくらいの感じで思っています。「そんなのチャラい」とか言う人もいるけど、ニーズは人それぞれだしね。「学校や仕事で忙しいからパートナーはいらないけど、実技試験

「は必要」ってことはあると思うし、需要と供給が合ってたらアリじゃない？　私は恋愛と体のアクティビティを「それはそれ、これはこれ」にできるし、うっかり関係を持っても気まずさを感じないタイプだからってのもあるかも。そうじゃない人は受け入れられない考えかもしれないけど。

でも実際「勢いでやっちゃった」も「そういうの傷つくんです」も、どっちもわかるの。どっちかに気持ちが入ると崩れる関係なんだよね。そしてなぜか片方だけに気持ちが入ることが多いのが不思議ね。。確実にひとつお伝えできるのは、「出会って1回目で実技試験しちゃった人とは恋愛ジャンルでの実験失敗」ってこと。この人のことをもっと知りたい、本気で付き合いたいって思うなら、最初のデートでスキンシップは一切取るな、ムラムラするのはわかるが抑えろ！　**性欲は一度社に持ち帰って、後日改めてプレゼンすること。**それができないと、恋人ってカテゴリに入るのは難しいんじゃないかな。いきなり一線を飛び越えて丸裸を見せ合うとかしちゃったら、消えてしまうリスペクトもあると思う。みーんなムラムラ24h365日。

結論として、人間、全員ムラムラしてる。でもそれは本能だから悪いことじゃないの。

性欲を隠すのも、オープンにするのも自由だと思う。男でも、女でも。

初心を忘れたからこそ生まれる
思いやりが長続きには必要。
完全平等のカップル希望だけど
レアすぎて世界遺産人間かも

付き合ってる相手と長続きさせる方法って、「長続きさせよう！」とかって思いすぎないことなんじゃない？　最初から「私たち5年を目指そうね！」なんて決めるのはなんだかおかしいし、フィーリング合いすぎて気付けば結果3年じゃんって展開がいちばんよくない？　初めてのデートのレシートとか取ってあるとよさそうではあるけど。「ウチら678円から始まったんだね」とか話せたら、ずっとラブ最強の状況でいられそうじゃね～。

でも、初心にこだわりすぎるのもちがくない？って思う。だって、初心を忘れたからこそ得られるリスペクトや感謝もあるはずだから。月日が経たないと生まれな

い、違う方面からの思いやりとか絶対あると思う。私、何でもそうなんだけど、初心とか全然忘れたしってなる。でもそれは感謝を忘れたことにならないからイコールにした文学者出てきなさいよって思っちゃうよね。恋人でも友達でもそうだけど、一緒に過ごしていろいろ経験する中で、おたがいへの気持ちも、その伝え方も年々変わってくるはず。私はそうやってわかり合えたからこそ生まれた、新しい思いやりもリスペクトも大切にしたい。「初心忘れても感謝忘れない」って言葉、広辞苑に追加希望。

私が大事かなって思うのは、おたがいが常に気持ちを伝え合って、平等な関係でいること。**どっちかの意見が強くなりすぎると、偏ってバランス崩れてネジ取れて終わり〜！みたいな。**そうなってから「お願いもう1回だけ」って言ってももう遅いのかもしれない。完全に見えるんですけどその未来。とはいえ、そんなにうまくいかないのもわかる。ちゃんとバランス取れてて、平等に意見してレスポンスしてなんて理想で、上手くできてるカップルは3組に0.5組くらいだよね。世界遺産の人間版として保護するべきくらいレアだと思うわ。

銀行口座をさらしていい唯一の人、それが結婚相手。結婚できなくても、そのときのkemioがどうにかするでしょ

結婚は別にしなくていいじゃんそんなのゴールじゃないよ派だけど、墓場にふたりで窮屈に入りたい気持ちはある。パートナーは欲しいの。結婚してみたーい♡ ブーケも投げたいしご祝儀もバカ回収したい♡ だって、誰にも見せない銀行口座を唯一さらしていい人、それが結婚相手な気がする。籠を入れて逃さない状態にして初めて見せられるもの。この発言こわいね、笑う。でもそう思うの。結婚ってヤバみじゃな〜い？ **とはいえできなかったらダメとかそういうふうには考えてない。そりゃさみしいなって思うかもしれないけど、結婚するとかしないとかで騒ぐ時代でもないんじゃないかな。** 私自身には、永遠の愛を絶対に見つけ出すっていう、デ

イズニー・チャンネル的な思考はないかもしれない。。そのときそのときで一緒にいたいっていう相手といられたら、それが永遠とかじゃなかったとしても、素敵なことなのかなと思う。「永遠の愛」って響きは素晴らしいけど、それだけが本物だとも思わないというか、まああんまり期待してないかなぁ。

同い年くらいでお子さんとかいらっしゃる人を見るとすごいなと本当に思う。だって私は自分を育てるのに精一杯で子を育てられないもん。結婚しないままずっとひとりでいたらいつか遊ぶ友達がいなくなるのかなさみしいのかな的なありきたりな考えもあるんだけど、今のところ年齢で「何歳までに」とか考えてはないんだよね。とりあえずここ5年以内はないんじゃないかなーとは思ってるけど。細かいプラン考えてたり、「〇歳までに結婚しないとヤバい」みたいな考え方してると墓でもねぇのに窮屈すぎなーい? プランって絶対倒れるもんだし、博打みたいな生き方でオッケー♡ **最終的に誰とも結婚しなくって「まじさみしい一人散骨〜」みたいな状況になるかもしれないけど「結婚できないかも」なんて不安に思うことはない。** それはそのときのkemioが考えるから任せとこって感じで、とりあえず私は今のkemioを何とかしていくのに忙しいっぽい。

「男女の友情」とか別カテゴリにしてること自体がナンセンス。ホモ・サピエンスとして人間関係つくってよ

女の子との2ショットをUPすると、すぐ「付き合ってるんですか？」って聞かれるんだけど、そんなのいちいち答えてたらノド渇いちゃう。男女の友情がないとか言う人は少女漫画の読みすぎ！　ちょっと本棚整理して！　私は好きなものが女の子と共通してたから、普通に昔から仲良しだよ。そういう人たちって**男性を男性、女性を女性としてしか見てないみたいだけど、ホモ・サピエンスとして仲良くなるって考えはないわけ？って思っちゃう。**男女で仲良いグループとか全然あるし、恋愛感情ゼロだけどすっごく大好きみたいな異性も当たり前にいる。そもそも「男女の」友情とか、別カテゴリにしてること自体に私は納得いってません！　私、親し

い女友達とお風呂入ってもなんとも思わない人間だから。さすがにそれは異常かもって思うけど、極論そういうことなんじゃないかな。違うかな。笑 でもそれは私がゲイだから? うーん。

ホモ・サピエンスの友情を育んでるだけなのに、周りから「男好き」とか「女好き」とか言われちゃう状況もあるよね。ほんとそいつらの視野狭すぎて死ぬ死ぬ死ぬ! そんなやつら「ほんと育ち悪いねあんたたち」以上って感じなんですけどー! 言いすぎた許して謝罪。でもね、**自分が好きなことを共有できる人を見つけることが友達作りであって、男女がどうとかの話じゃないと思ってる。** 同性愛の人との友情も一緒。たまに、「同性愛の人に自分のこと好きになられたら困る」とかわけわかんないこと言う人いるけど、「いや同性愛の人だって自動で全員のことが好きなわけじゃないから!」って言いたい。「じゃああんたは異性のこと自動で全員好きになっちゃうわけ?」って言いたい。自分にその気がない人から好かれたら驚いてしまうのは男、女とか関係ないはず。ほんとみんな、性別を意識しすぎで困っちゃうわ。

恋愛は出口の見えないカンバセーション。結局みんなさみしくて、みんな誰かを探してる。見つける方法の正解なんてどこにもなくてウチら「捜索願」って一生

ハッシュタグ。ただきっとおたがいが「選ぶ側」だと思ってぶつかりあっちゃってるのはわかるから、私が平和にくじ引きさせてもらっていいですか？

知恵とか勇気とかなんでもいいから、

自分でカスタムした武器で世界を壊してこ

第4章
ウチら棺桶まで
　　永遠のランウェイ

見た目のコンプは
ラッキーアイデンティティ。
見た目以外の武器もみがいて
思考回路の迷路複雑にしよ

いいな、あの子はかわいくて〜私ってブスじゃん〜とか思ったことはもちろんある。整形したいとすら思ってたけど、やーだーメス入れるの怖い〜って感じだったから、もう受け入れちゃおう武器にしようって考えを変えたの。**コンプレックスなんか1000個以上あるけど、どうにかするより体も中身も好きになったほうが秒じゃね省エネじゃね？**って。髪の毛がくるくるだし、目の下はずっと黒いし、太りやすいしって感じで気に入らないとこ永遠にあるけど、とりま自分の見た目のコンプはアイデンティティ、ラッキーユニークって思うようになったー。もはや「この顔がきれい」って基準自体がクソつまんなくね？って思いつつあるよ。高校生のこ

ろにね、急にめんどくさくなっちゃったの。この姿で産み落とされちゃったのは変えられないんだから、悩んでる時間クソじゃねっての。みんなのクールに合わせる必要あるかな？ ダサいって言われても私が幸せだったらどうでもよくねー？って。自分でいいと思うものをチョイスして、それでも私を大事にしてくれる人と一緒にいればよくねーって。嫌なとこ受け入れるのってすごく大変なことだけど、ちょっとしたきっかけから変われるよ。私は自分で細くなったなって思えたときとかが、

「自分、いい感じかも！」って思えるチャンスだった。ほんのちょっとの変化から、自信つかんでいこう！

しかも武器になるものって目に見えるものだけじゃないと思うの。私はアメリカに引っ越して英語の知恵をつけたり、新しい人と会話したりとかそういう武器を身に付けた。**たとえば部活とか、偏差値とかも見た目と同等に戦える武器だかんね。**戦ってるフィールドは人それぞれなんだし、見た目の良し悪しじゃないところも強化して、思考回路の迷路をいい意味でしわしわにして勝負してこ。それでどうしても見た目が気になるなら整形しちゃおう。二重にするの、場合によっては保険使えるらしいし。自分が幸せになれるんだもん！

親が厳しいとか嫌いとかなら家を出ろ以外の回答はない。親ってキングとクイーンばりにすげぇって気付ける距離にいこ

私、自分ができないことできる人をすげぇ尊敬してる。親のこともちょー尊敬してる。でもそれ、一人暮らしし始めて気付いたんだ。中学生のころは、カラオケでオールさせてもらえないし、外泊できないし、一生ケータイ買ってくれないし、親の厳しさが死ぬほど嫌でケンカして倒したこともあるよ。でも今考えたら厳しかった反動で、楽しいこといろいろ探してたからこういうkemioになったのかなって思える。ふたりの愛が私を作ってくれたんだって！　そうじゃなかったら、今こんなに自由になれてないの。

だからね、もう私が「親が厳しい〜」とか「親が嫌い〜」とか悩んでる人に言え

ることってたったひとつだけで、「家、出てみ？」って。人間ってぜいたくだから、毎日ご飯が出てくるありがたみとか、毎月電気代払うめんどくささとか、自分でやんないとわかんないの。自分がそうだった、まじで罰当たり。でも一人暮らしすると、「え、親すごくね？」っていうことに気付けるよ。ほんとうちの親ってキングとクイーンじゃねっていう発見あったー。今はもはや「教えてくださいませんか」って電話で助け求めたりするかんね。

ちょうどいい距離感ができて、リスペクトからの仲直り〜みたいなこともある。私は実家で兄と同じ部屋をシェアしてて、その間はずっと仲が悪かったんだけど、それは距離が近すぎたからだったみたい。今では血がつながってるのはふたりだけだから助け合おうって思えてる。だからそうね、1回離れよ？へへ。

まだ高校生だから無理って声が聞こえてきたんだけど、それは出られるまで待ってほしいんだけど、それまで絶対折れないでねって伝えたい。親の規制の中でいろいろ工夫して、絶対楽しいことやってやるって思い続けてると、**試してみよう精神が生まれて、それって絶対役に立つから。**私は本当に今その精神が役に立ってるー。私が証明でーす。この台詞言いすぎの罪だね、謝罪。

自分のレースは自分で作るって
気持ちは大事だけど、
時代の違う親でもわかる形で
夢をアピールすることも必須よ

親に夢を応援してもらえないって悩んでいる人。kemioもそうだったから安心して〜。芸能人になるって言ったら「サーカス集団はやめなさい」「マジメに働いて人を養えるようになりなさい」って言われた。**何そのレール!?** **って。自分のレースは自分で作り上げるしって思ったよね。**他にもいろんなこと制限とか反対とかされたけど、買ってもらえなかったケータイも自分でバイトして手に入れたし、留学も自分で稼いだお金出して全部決めてから報告したし、応援してもらえないなら自分の力でやればいいだけなの。結局ね、大事なのは環境じゃなくてやり方だよ。だから「親が厳しい」とかってワード、正直聞きたくない！

っていっても、親は生んでくれた大好きな人だから、まぁ私の場合は生んでくれた人ではないわけだけど、でもとにかく大好きで大切な人。だから、たとえもうケンカしてぐちゃぐちゃの関係でも、否定されたら悲しくなるよね。親にダメって言われると自分には無理なのかなって、四天王に倒されたくらいのテンションで夢を諦めそうになることもあると思うんだけど、冷静に折れないでほしい。耐えて、折れずに、やり方を探し続けて。絶対に負けちゃダメ。

最終的に、本当に譲れないことは親に認めさせるしかないのね。私の両親だって動画始めたときは大否定だったの。でもテレビや新聞に載ったのを見せたり、家にお金を入れたりするようになったら、徐々に理解してくれた。**親がわかる形で、親が納得できるように、夢ややりたいことを見せるっていうのも大事なんだと思う。**ただやりたいって言うだけじゃ、生きてる時間も時代も違う親にはわからないことだってあるわけだし。それは相手の価値観だから、仕方ないし、当たり前なんだよね。だったら四天王に認めさせてやるって勢いで、やり方プランを叩きつけてみたらいいと思う——。

私の広辞苑に
才能って言葉はない。
夢の理由は才能じゃなくて
「やりたいから」でしょ？

才能って言葉は辞書から消してもらいたい。だって、才能とは？ 私、CDとか出してるけど、人様の耳に届けられる歌声のレベルではなくてめっちゃ加工してもらったんですけど。昔の話だしもういいよね、時効。笑 そのときは「でも別のことならできるし、そっちで夢追いかけよ」って思ったんだ。見た目のコンプレックスもあったけど、見た目がいいって両親のDNAがたまたまいい感じにマッチしたってことにすぎないかもしれないし、逆にそれ以外は自分で作れるって思った。できないこともそりゃあるけど、そもそも、撃つ弾が全部当たるなんてありえないし。「才能があるからやりたい」んじゃなくて、「やりたいからやりたい」。やる前って

やめどきじゃなくない？　やってみてもがいててでもこれ以上は無理ってわかったら諦めるの。ゲームオーバーは自分で決めたい。夢までの道のりなんて長いに決まってるから「才能があったら近道できるのに」って、やめる理由を探しちゃうんだったら、夢って呼ぶには中途半端だよねって思っちゃう。近道がなきゃ行きたいと思えないような場所、本当に行く必要ある？

夢への本当のショートカットはね、才能じゃなくて口に出すこと。私は「レディー・ガガに会う」「ランウェイ歩く」「CD出す」ってずっと言い続けて、全部叶えた。口に出すとバカにしてくる人とかもいるけど**「全然見返すので、ちょっとお時間頂いていいですか？」**ってシャットアウトしちゃえ！　あなたの間違いを5年後に私が証明しますってね。さらに言うと「えー、やだ私才能ある〜♡」って思っけばいいの。なんでもいいから「えー、今日遅刻しなかった早起きの才能ある〜♡」みたいな。才能なんてそんなレベルの話。深く考えて足を止める理由にするなんて意味不明だよ。

才能使ってショートカットしたいって

思うような夢ならやめとけば？

タイムマシンなんて永遠にないから、今やるべきことのジャッジとか、何をやるかは賭けでしかなくてウチら一生ベガスなう

「今それやるべきだよ」「やらなくてもいいよ」なんてアラートは鳴らない。必要だったかは後からわかるの。私にとっては勉強がそう。「勉強しろ」をガン無視して、通知表に1が9個つくファイナルステージにいくまでやらなかったことをちょっぴり後悔しています。。

その責任は自分で取らなきゃいけないんだよね。。アメリカで日本の歴史のこととか聞かれても、卑弥呼とかそのへんのメインキャラのことしかわかんなくて。「高校時代は必要ないって思ってたけど必要だったわ」って今まさに悔やんでる。

そんな感じで、**目の前にあることが将来必要になるか必要にならないかって、目の**

第4章 ウチら棺桶まで永遠のランウェイ

前にあるときはわからないの。 友達にズタボロに裏切られたとしても、友情育んでる最中は一生の友達になるとか思ってたわけで、それと一緒よ。今やること、やらないことって結局賭けでしかなくて、ウチら一生ベガス。まじで。

つまり、もう全部しょうがないの。「やるべきことを見極める」なんて永遠に無理。自分にそぐわないなってことをやらないでいて、もし将来「やば、必要だったわ」ってコンテンツにぶつかっちゃったら「じゃあ今からこれやろ」って思えればいいだけじゃないかな。私も時間あるときに勉強しよ〜って思ってるよ。もう高校には通えないけど、本気でやりたいと思えばやれるから、いつかやろーって。もしかしたら逃げてるのかも、きゃあああ。でも、「もっと恥ずかしい思いしたらkeiもmioもやるでしょ」って思ってる。最終的には自分を信じてるの。必要性にしびれたら、人ってやるものだもん。

そう思わないと「あのときあれをやっておけばよかった」って自分で自分に洗脳されてつぶれちゃう。。そうやって、**自分が「昔やったこと」「やらなかったこと」については、今の私が責任持ってれば大丈夫。** だから、今は目の前のことをとりまやりまくって、その責任は将来の自分に任せとこー。

選挙に行く人が生きやすい世の中になるのはマジ当然。30代になったときに無理って言っても遅いから行く

私ってお金なくても気持ち的には一生バブルの一生セレブでいたいと思ってるけど、現実問題そんなこと言ってらんないよね。なんか不況〜税金〜少子化〜とか言われまくってて、ほんと若者的には生きづら、って感じのこと多い。お金がないし結婚式とかどこでもいいしっていうかもはや結婚に興味持てないし、子ども生まれても預けられないしって。保育園が抽選？ ライブなの？ 保育園のファンクラブ入るべき？ って。そういう設定がちゃんとしてないからウチら不利じゃんって感じだけどさー、若者が選挙行かなくて、子育て終わった人が選挙行ってたら、そり

ゃ子育て終わったくらいの人が生きやすい法案がガンガン通るよねって。当たり前

だと思う。

だからって大人たちにただ「選挙行け」って言われてもどうしたらいいかわかんなくない？　なんか選挙映えするフォトスポットとか作ればいいのにって思っちゃう。バカみたいな話だけど結構本気で。なんか政治の話は人にしちゃダメみたいな雰囲気あるし、ひとりひとりが意見持つのがむずいテンションをとても感じる。

だけどねアメリカに行ったら違ったの。まず政治への入り口がいっぱいある。有名人が政治に対して意見するし、ディスも飛ばすし、若者が興味持ちやすいようになってる。私が高校生のころなんて、政治に関して話すのはTwitterで議員さんのコラ画像回ってきて「やば、ウケる」ってときくらいだったのって焦りました。アメリカだと若くても、意欲的に選挙に行こうって雰囲気がある。きっとそれが理想なんだよね。だってよく考えたら政治にウチら世代の意見がないことが、私たちの30、40代とかに影響出てきて、そんときに「やだー無理ー」って言ったって遅いじゃん。まじ危なくねー？　だから私は、ウチら世代ほど選挙に行くべきって思うわ。

過程を見てもらえないのも
結果で判断されるのも当たり前。
つらいなら脳の上に立って
「頑張ってる」の気持ちを消して

　世の中、ぜーんぶ結果で判断されちゃうの。過程より結果。そういうものだって受け入れるしかないよ。1から10まであっても、全部結果で判断される。だから、重要なのは「頑張ってる」って思いすぎないこと。**頑張ってるって気持ちは自分を追い詰めるよ。**私は「報われなーい」って思うのがしんどいから、ただ「やってる」って思ってるし言ってる。謙虚とかじゃなくて、自分を守るため。あとさー、過度の頑張りPR活動ってちょっとナンセンスかもしれない。「結果も出てないのにすごいな……」って、悪い意味ですごいなを感じちゃわない？　だから、そこは脳をだましてほしいの。「私は頑張ってる」じゃなくて「私はやってるだけ」「こう

するしかないから、するんだ」って脳に思い込ませるんだよ。私は、ずっと昔からそうしてる。

脳をだますとか、脳の上に自分が立ってコントロールするのとかって、夢に向かうにはすっごく必要なことだと思ってる。「できない」って思いそうな壁を発見しても「行ける」って信じるとか、失敗続いて向いてなーいってときでも「じゃあ私の場所はここじゃないんだ」「別の夢の叶え方があるはず」って切り替えるとか。実は私、脳をコントロールして思い込んでるところもあるの。今まで書いてきたことの中にも「脳のだまし方」の話をしているところがちょいちょいある。**脳って自分のものだから、究極、自分で左右できるじゃん？自分がつぶれないように、つらくならないように、思い込むの。**自分が脳の上に立って、不安なことを「不安じゃない」、つらいことを「つらくない」って感じられるようにあやつるような感覚。意味わかんないこと言ってんなって思われるかもだけど……。そう、「あー無理」ってネガティブの解決策は、脳を自分が支配する勢いで、プレッシャーで首しめるだけの「頑張ってる」っていうワードを消すの。それしかない‼

人生の攻略本よこせよって
感じのクールな大人になりたいけど
年齢とかいうただの数字で
アクションを変えるのは意味不明

　私、30歳になるのが楽しみで待ちきれないかもしれない。むしろ人間30歳からスタートでしょってテンションだと思う。20歳で成人して、そこからの10年でためたものを武器にできるのが30歳からでしょ？　かわいいまま棺桶入りたいから『SK−II』は使うけど。ちな、私クールなロックスターみたいなおじいちゃんになる予定。笑う。昔は大人になると責任とか生まれるしこわーいって思ってたけど、**実際に年齢が上がってみたら、できることが増えていくからワクワクするようになった。**
　もちろん、想像通りの責任は生まれたけどね。
　なんか街ですれちがう「人生攻略できてるんだろうな」って雰囲気の素敵な大人

のあなた！　あなたになりたいの〜！　人生の攻略本よこせよって言いたくなるような、カッコいい大人。私の知らないことをたくさん知っていて、いろんなサバイブを乗り越えたからこその武器をたくさん持ってる。見た目に出るよねー、そういう人に恋愛でも惹かれる。だから私の好きになる人には年上が多いのかもしれない。

でも、よくある「いい年なんだから」とか「高校生じゃないんだから」とかいう意味不明な意見には全然中指だよね。駅で大声出す系とか他人様への迷惑行為以外にそんなコメント付くのはうるせぇわ、って思ってしまう。年齢とかいう番号に執着してアクション変える必要ある？　「若いうちにしかできないよ〜」って、そんなこと1個もないと思う。年齢なんてしょせん人間が発明したことでしかなくて、体の感覚的には関係ないことだもん。放っといても勝手に増えていく数字になんて捉われずに、やりたいことはやりたいときにやればいいと思うんだ。そんなに年齢意識してると、数字以上にふけるよ？　あ、でも大人が口をそろえて言う定型文「20歳過ぎたらあっというまだよ」っていうのはほんとだったよ。まじでボルト級の秒で私も今年で24歳。

媚びなきゃ手に入らない
チャンスなんてジャンク品。
自力でつかんだほうがいいなんて
世の中うまくできててグーのね

　年を重ねている人を絶対に全員リスペクトしなきゃいけないっていうことでもないよ。だって、ダサい大人もいると思う。そういう人たちについては相手しなくていいよ〜。とりま「お前を使ってやってんだよ」「チャンスあげてるよ」みたいな態度のやつとかマジでナンセンス。そんな強めのギャルから売られたケンカなんて、こちとらブログに書いてアフィリエイトにしちゃうよ♡くらいのノリで生きたい。だってやつらの性格なんてそんなすぐには変わらないから、無駄にダメージくらわないようにエネルギー削減のシャットダウンするしかない。上司とか先輩とか、毎日顔を合わせなきゃいけないからいろいろあると思うけど、「なんか言ってる〜」

ってネタにして楽しんじゃうくらいの勢いよ。ダサい大人より自分を信じよう。そもそも人に媚びなきゃつかめないチャンスなんて不良品。自分でいいやつ探すんでって、ジャンク品さよならだよ。自分の手でつかんでレジに持っていったものじゃないと、一生は使えないかんね。自分で買わなかったものは、ありがたみもないしすぐ飽きるって決まってる。**ジャンク品のチャンスは秒で壊れるし、人生にチートはいらないの。**チートして簡単に成功したとして、たしかに一瞬は注目されると思う。でもそれまで魅力を積み上げてなかったらすぐ消えちゃって、結局ショータイムで終わりそう。目先のものに飛びついたっていいこと1個もないと思って、たとえばそれはダイエットと一緒なの。ちゃんと時間かけて美しい体を作らないと速攻でリバウンドする。苦労してやせないと、キープする気力も生まれない。だからね、自分で時間をかけてクリエイトしたチャンスで一生幸せになろ。でもそう考えると、まじうまくできてるよね。ちゃんと努力したほうがいいって世の中ってもよくできててグーのねってやつ‥。

人生を楽しむ方法

そもそも「人生」なんて
大きいスケールで
考えてないのかもしれない。
今を楽しくする方法を常に考えてる。
明日ご飯食べに行かない？
やった、楽しみ！
ご飯食べてるおいしい楽しーい！
みたいな。
振り返ったら「あ、充実してた」
みたいなHAPPY ENDで締め上げる。

ちなみ私の人生の楽しさレベルがすっごい高いとかそんなんじゃないと思う。だって楽しいことって絶対誰の周りにもある。発見できてないだけで、みんな楽しいEverydayだよ！

人を見るより、
前を見てたほうが
楽しいよ。
人と比べてうらやんでも
何も生まれないし
わりと遠回り。

「うまくいかない」って、
たしかにそんな日もある、
けど平和でピースな人生が
当たり前すぎて
鈍感になっちゃってるときもあるのかも。。
私、昔のほうが足りねーって
思うことが多かったから、
今はちょっとの不幸や不満では
中指立てる気にならないわ。
I DON'T GIVE A F＊＊＊.

お金を追いかけるんじゃなくて
お金に追いかけさせるの。
私が先に行くから
お金、あんたがバトン渡しな

人生に楽しみ追加するのって絶対に有料じゃん。でも、何もしないでお金が降ってくることってないじゃん。だから働かなきゃいけないの。欲しいものとか「誰か買ってよ～」って思うこともあるけど、バイトで「店長ウザすぎて死ぬ」みたいな思いして買ってこそ喜び収益倍増ってテンションになれる気がする。ブラックなところに勤めてて、働いてもお金がなーいってときは、もう転職しちゃえー!!なんか最低2～3年はいるべきみたいな意見あるけど。。その意見を言ってる人って代わりに家賃払ってくれるわけじゃないし、さっさと自分で決めて給料発生する時間多めに過てる時間に時給は発生しないし、無駄なアドバイスを聞い

ごしたほうがいいと思う。お金稼げるのって自分が体動かして働いたときだけなんだから。金金って響きが銭ってるけど。。

矛盾するようだけど、お金ってすべてじゃないというか、後からついてくるものだとも思ってる。**お金は後回しにして好きなこと一生懸命やってたら、ついてくる。**お金を追うんじゃなくて、お金に追わせたいの。私が先行くからあんたがバトン渡しなって、私は本当にそんな感じ。高校生で撮影に行き始めたころって、単純な時給計算だとコンビニで働いたほうがお金もらえたんだけど、私のやりたいことはコンビニじゃなかったし、やりたいことだけで最初から食べられる人なんていないって祖父によく言われた。だから、少しずつステップアップして生活できるようになろって思った。そしたら狙ってたわけじゃないけどお金が後からついてきた。だから、目の前にお金がないからって夢を諦めないでほしい。もし叶わなくて5年後どうしようって思っても、それは5年後の自分が考える問題だから、今は気にしなくてきっと大丈夫。

暗いとこなかったら一生光れないんだから私と一緒にどんどん病んでいこ、病んでる人をバカにするやつはバイみぃ

病むよねー。わかる私も病むー。一緒に病もうねー♡って感じ。どんどん暗くなっていこう。笑笑　だって暗いところがないと光れないんだから。ウチらシャドー促進委員会、影になっていこー。病むことに、みんな厳しすぎるんじゃないかなって感じる。「あいつ病んでばっかだよね」とか言ってバカにする人も見かけるけど、それは違うんじゃないかと思うよ。じゃあお前が病んだときはどうするつもり？　どう考えても、真剣に精神的に落ち込んでる人をバカにするのはいけないことだと思う。その人には病んでいる理由があるんだもん。**「病む」っていう言葉のせいでポップになりすぎてる感さえあるよね。**閉鎖的になっちゃう人のことは冷静に理解

第4章　ウチら棺桶まで永遠のランウェイ

していきたいよねって思います。自分だったら、理解してもらえたらうれしいなぁ。私の場合は、病んだら音楽をいっぱい聴く、お酒を飲む、ポジティブなセレブのインタビューを見る。寝たら簡単なシステムだから、そういうことやってると次の日には元気になってる。留学してから「もう帰ったほうがいいかも日本……」っていうことの連続だったけど、なんか気がついたら終わってた。とりま、ひとつの闇をダラダラ続けるのはやめたほうがいいかも。**どうせ次の闇がくるからすぐ行ったほうがいいの。「はい次の闇、はい次の闇こんにちは」ってファクトリー化しながら進んでいかないと追いつかない。**闇の2個持ち3個持ちとかしんどすぎるから、手放していかないとね。

人に話すのも楽になる方法のひとつだと思う。「病んでるって言われるのが嫌だから、自分で解決します」みたいな人いるけど、そんなに病んでる自分を否定しないで。「なんでそんなことで病んでるの?」とか言われたら、「同じお腹から生まれたわけじゃないんだし、あんたにはわかんないよ」って思っててほしい。病みに対して風当たりが強い世の中には、アンパンチ。

みんな私のこと爆竹タイプだと
思ってるかもしれないけど
実際ね蓋開けてみたら
線香花火みたいな人間なの。

怖いものが多くて、
いたってシンプルな
ベーシックなの。
それにたまに悩むのよ。

継続と努力は自分を盛るための
最強アイテムでしかない。
でも毎日エンジン全開は無理だから
夏に動いて冬は冬眠♡もアリ

なんか毎日サボってるわってときに鏡見ると、あぁ盛れてな〜いって思わない？　ほんと継続と努力は最強なんだわ。「継続は力なり」っていう言葉を作った人に、億単位のお金あげたい！　ないけど〜！

私は思う。**努力は何に対しても必要不可欠で、頑張ってれば気の持ち方が変わって、顔つきも変わって、盛れるようになる。**

本当は私が発明したかったくらい、あの言葉はしびれる。だって私もみんなも、やり続けることでここまできたんだもん。

でも私って飽き性で、コツコツなんてできないのね。すっごく息抜きが多いタイプなんだけど、つぶれる前に休んでるだけだからOK。テンションの維持とか無理

めだから、毎日努力できないんなら違うやり方でやろーって諦めてるんだよね。人からは極端だねって言われるやり方なんだけど、GOGOGO！で2か月やって、1週間ぱーっと休んで……みたいなペース。継続の形や努力の仕方だって、常識とか普通みたいなことにハマらなくてもいいの。「Aちゃんが毎日努力してるんだから私も毎日努力しなきゃ」とかも意味ないと思う。人の性格なんてみんな違くてユニーク万歳なんだから、誰かができるからって自分もできるわけじゃないって思ってないと、つぶれてまう。。だから私はこのやり方に着地したの。無理してボロボロになるよりも、効率的なのかなって。

休んでる時間だって意味あるかんね。私はたまにひとりになりたーいってタイプなんだけど、それは考えごとするのが大好きだから。ずっと仕事とかのルーティンの中にいると見えなくなっちゃうことがあるから、自分の脳と再会しに出かける。

着地点とか特になくて、とりま脳内飛び回っていろんなしわに挨拶しに行く。そこから新しいアイディアが湧いたりするんだよね。逆に、そういう時間がなくなったらひとつの考え方からの枝が伸びてこなくなっちゃって、楽しいことできなくなっちゃうと思うんだ。

あんなに便利なAmazonにだって不安を消す薬なんて売っ

てない。自分で脳をあやつって、不安じゃなくするしかないの。

他人の普通や幸せにあやつられる着せかえ人形にはなりたくない。

「個性的が正しい」って価値観だって結局、誰かの枠にハマってるだけ

何回も言っちゃうけど、人と違うことってまったく気にしなくていいことなの。私も数億回「変わってる」とか言われたことあるけど、全然気にしない。昔は気にしてて、みんながやってる髪型にしてみたりもしたけど、途中から髪の毛ボンバーでもやりたいことやるし周りに合わせない！って決めた。変だって言われる悲しさより、大好きなものを追いかける楽しさのほうが大きいって気付いたから。自分の幸せは自分しか知らないって事実があるのに、みんなと同じようにしなきゃって思うのは、意味ない。誰かの幸せにあやつられる着せかえ人形みたいにはなりたくなかった。変わってるって言ってくる誰かの「変わってない枠」にハマるのはくだら

ないなって。見た目や性格だけじゃなくて、進学、就職、結婚だってそうだと思う。HAPPYなことに、現代には全然生きていける法律もいい感じにそろってるし、時代に感謝しつつ私はやっていく！ みんなも一緒にそうしよー♡

逆に「個性がないとダメだ」っていうのも洗脳かも。個性のある人になりたいっていう気持ちはわかるけど、世の中の「個性がある」をなぞるのも、自分を見失ってるかもしれないよ。世の中的にはちょー多数派になっちゃっても、好きなものは好き、嫌いなものは嫌いって自分でジャッジしたい。だってこの世にいっぱいいてもいなくても、それが自分のキャラクターだもん。「憧れのあの人みたいになりたい」は自分を高めるいい目標だけど、漠然と「変わってるのがいいんだ」「変わってる人になりたい」って個性信者になっちゃうのは洗脳とかコピーってるからそれがいいっていう思考回路からくるものは個性でもなんでもなくて、誰かがそうなってるからそれがいいっていう思考回路からくるものは個性でもなんでもなくて、結局誰かの枠にハマってしまっている別の何かだと思う。人ってあっという間に死ぬ、驚いた。だから、周りの意見は気にせずやりたいことやるのが１００％正解だよ。それがあなたの個性だと思う。

変わってるって
笑われるなら、

ベーシックでお疲れって
笑ってやるのウチら。

おしゃれなんて自己満で
ランウェイ歩いてる気分になれればOK。
インスピレーションに自分エキス混ぜて
自分のファッションを作ってこ

　私ね、昔おしゃれってぜんぜんわからなかったー。今も皆無にわからないけど。今自分で5年前のコーデを見たら、「よくこんなちんちくりんで歩いてたな」って思うし。今のファッションも未来のkemioに見られたら「マジダサいね」って言われると思う。**でもいいの、今着たいから。ただただ好きなものを着るの。**どうせ将来の自分から笑われるなら、好きなものを着とくべき。昔はどこのサーカスですか？ってレベルのカラフルだったけど、今は黒がお気に入り。見るもの聴くもの触るものが移動しまくるんだから、服も変わっていく。それを怖がってたら、ファッションは楽しめないと思う！

誰かのファッションを見て「これいいな」って思うことはあるけれど、丸々マネしたくはないの。マネキンにはなりたくなーい。でもインスピレーションは大事よね。いいなって思ったらそのままコピーするんじゃなくて、自分エキスを3滴くらいビーカーに入れて4周くらい振り回して自分のファッションにする。Instagram、お洋服屋さん、雑誌、街中、これだけ情報があふれてるんだし、地球の裏側の服だってゲットできる時代。だからいろんなものを見て、いろんなインスピレーション受け続けて、自分だけのファッション楽しめばいいのかなって。私はそうだった！　そうしているうちに、似合う似合わないだってわかってくるはず。人から
「こっちのほうが似合うよ」なんて言われても、ピンとこなかったら受け入れられないしね。

おしゃれは完全自己満。誰に気に入られなくても、自分が気に入ってたらそれはおしゃれ。好きな服着て、その日聴いてる音楽とマッチして、そこらへんの道なのにランウェイ歩いてる気分〜ってなればそれはおしゃれなの。私は歩いてる人に二度見されるような服が好き。スクランブル交差点で自分を感じられるコーデだったら大満足って感じ。自分だけの答えを見つけられたら、それでマルなのよ。

自分の好きなことをして
戦いながら生きてる人が好き。
ガガもギャルも戦友のつもりだから
私も負けないように好きにやるわ

　私がこういうふうに、好きなことをまっすぐ信じられるようになったのは、レディー・ガガから受けた影響が大きいの。私の人生はレディー・ガガとともに在る。親友のナディヤが、中学生のころにダンスの発表会でかけてた『Just Dance』が、ガガの音楽との出会いだった。おうちに帰って調べたら、「すげー、こんな服着て道歩けんだ！」って衝撃で、素敵だなって。彼女のことを知っていくうちに、人間性とかあふれる言葉とかが、つらい学生時代を送ってた自分にすごく刺さって、崇拝するようになったの。『Born This Way』っていう曲がすごく好き。「あなたの歩む道は美しい」っていうような歌詞で、ストレートで単純なメッセー

ジなんだけど、そういう言葉こそかけてほしいときってあるじゃない？　すごく刺さっちゃったから、今でも「ガガがいるから頑張れる……」っていう、神様みたいな存在なんだよね。私はガガの背中を追いかけて、戦ってるの。曲を聴くと、リアルタイムだったときの記憶が蘇ってきて「私もガガも、ウチら頑張ってた……！」って気持ちに勝手になる。笑　応援してるっていうより戦友みたいな感覚、これも勝手に。「ウチら」とか言われてガガからしたらちょっと迷惑かもしれないんだけど、CDも欠かさず買ってるライブにも行くから、お願い、そう思わせて……。
　私は、戦いの中で生き抜いている人が好き。だからギャルも大好き。ギャルの全盛期は町田に住むクソガキだったけど、テレビで見て**ギャルってみんな自由で好きに生きてて、キラキラで強くて、立ち向かう姿がとてもかっこいいなって思ってた。**ギャルのカルチャーというよりは、精神が好きなの。生き生きしている姿が素敵。好きなものを着て、好きなところに出かけて、メイクが変だとか周りから言われても「私が好きだからいいじゃん！」ってマインド、最高だ。

性格なんて気圧でも変わるし
「性格がいい」って概念、いらなくない？
そんなの自分の意識で
なんとかできる範囲

自分の性格がやだ〜って思うときもあるけど、基本的には変わらないよね。でも、トライはできると思う。私の場合は、「自分と人の基盤は同じではない」ってことを意識するのに挑戦してる。基本的に性格ってツイートを消すみたいなノリでやり直すことはできないし、いきなり変えることはできない。私だって何回変えたいって思ったか……だけどまじそのまま生きるしかなかった。去年友達と話してて、「私は恋愛どうでもいいって感じだけど、この人にとっては人生のすべてなんだぁ」みたいに気付いたことがあったの。**毎日生きていると、知らず知らずのうちに自分の価値観や思いがみんなと一緒って勘違いしてしまうときがある。それって怖いこ**

第4章　ウチら棺桶まで永遠のランウェイ

と。自分の考え方でとらえすぎてはダメ〜って思って、だからそういうとこは変えようって意識し始めた。意識して「なりたい性格の人」「なりたい考え方の人」の振る舞いをし続けてれば、定着して性格になっていくかもしれないし。こうなりたいって性格の、演技をしてみる。「自分はこういう性格の人間だ」って思い込んで、脳をコントロールしようとしてみる。そんなチャレンジを試みている最中でございます。

　っていうかそもそも性格って何？って勢いじゃない？　何をどこまで性格って呼んでいいのかがまったくわからないわ。遅刻しやすいっていうのも性格？　たまに怒りっぽいのも性格？　だって毎日気分も感情も違うから。何が起きてもHAPPYな日もあるし、「なんか全部にムカつく！」って日もあるし、病む日もあるし、そもそも天気とかでも左右されちゃうものじゃない？　小さいころから変わってないわけがないけど「ここで変わりました！」なんてタイミングはない気がするし、だから「これが私の性格！」なんて概念がそもそもないんじゃね？って感じではあ**る。気圧で勝手に変わるくらいのレベルのもんだし、自分の意識でなんとかすることもできる**と思うんだよね。

オコで中指

コースになっても

振り返りからの

あっかんべー
くらいのかわいさ
維持したい。

「男らしく」「女らしく」は関係なくていいと思ったことをやるだけ。
「男がえらい」は間違ってるって発覚したんだからそぐえよ、頼む

男らしくなりたいとか、女らしくなりたいとか、考えたこともない。ら男らしいとか、足開いてて女らしくないとか、動作によって決めるの、それはなんかしっくりこなかった。CHANELも化粧品の男性ライン出しましたし。極端なことを言うとね。「女の子みたいだね」とは？？ 「ちゃんとしなさい」「普通にしなさい」ってもううるさすぎて死ぬよね。ハァハァ。
「かわいらしい人になりたい」とかって思うのは素敵だと思う。「いい会社に入っていい車買いたい」って思うのも。だけどそれって「女らしく」とか「男らしく」とかじゃなくて、あなたが思う素敵はそれね、オッケーって話なのよ。ただの価値

観で、私はそこにハマるつもりはないの。全員に当てはめるのはやめてもらいたいなぁ。

モテとかもほんとくだらない。人の目のために生きるのは嫌だったし、苦しくなった。「男にモテるために」「女にモテるために」っていう雑誌は、私の目の前にあったら心の中で燃やすわ。好みのタイプとか人それぞれなのに、誰が決めてるの？ 多数派の意見ってだけだよね。

未だに「男のほうがえらい」って態度の人いるけど、あれってなんでなんだろう。私、人の価値観には口出さないって言いまくってきたけど、これだけは口出すわ。だってこれは「こっちに合わせて」って話じゃない。**「男がえらい」が間違った感性だったってことが発覚した状況なわけ。お前ら時代にそぐえ、頼む。** 新しい価値観とかじゃなくて、こればっかりは間違ってるし、男性も女性もおたがいを尊敬すべきだと思う。だって素晴らしいもん。本来そういうものだったんだということに気付き始めたのが今、現代でございます。ってことでそういうこと押し付けちゃうひと全員Wake Upだよ。

やりたいことがないのは
捜索中ってだけだから○。
全部興味ないとか言って
シャットアウトするのは×

時代ってちょー速くない？　秒だよね〜。将来どうしよ〜って考えてる時間なんてほんとになくて、目の前のもの倒していくしかないのかも。やりたいことがあろうとなかろうと、そうだと思う。**やりたいことがないって悩んでる人もいるけど、それって全然ダメじゃないの。やりたいことをやるのが○なら、やりたいことに向かわず立ち止まってることが×な気がする。**やりたいことがない人も、目の前にあることをとにかくやればいい。そしたらきっと、自分が好きなことと嫌いなことが見えてくる。いろいろやってるけどまだ見つかってないって状況は、ちゃんと探してるんだから、やりたいことに向かっているわけだから、○だと思う。逆に、

目の前にあることをやらずに「興味ない〜」「これじゃない〜」ってシャットアウトして「好きなことがない」とか不満垂れ流してるのは、ちょっと何言ってるかわからない。待ってるだけで見つかるとか、あんまりないと思うなぁ。

とにかくやったことないことをわかったように「興味ない」とか言うあんたの口はチャックしてやろう。笑 やってみたら楽しかったみたいなことなんか死ぬほどあるし、その逆もある。

私だって、空手サッカー野球ダンスいろいろ習ったけど半分以上合わなくて退部届書き疲れた。仕事が迷路だったときも、なんか花の種とか飛行機とか詳しくなれること探して「全部無理」ってなったからYouTubeという動画の世界に戻ってきた。興味ないことやるのにも、意味合いがある。周りに興味持てることがないからって環境のせいにしてるのはもったいない。好きなこととの出会い方はきっと人の数だけあるはずだから、楽しいことと出会うチャンスが少ない環境だとしても、工夫すれば大丈夫。私、ケータイなくてPSPでネットしてたしね。どこで何が見つかるかわからないって思いながら、目の前にあることをやるしかないのかも。私もまだまだ好きなこと探してるよ。たぶん一生探し続ける。立ち止まったら泡吹いて終わる、それがウチらの人生だから。一緒に探そ！

世の中なんて不平等祭りだし、「あ、これでOK」なんて平等は一生出てこない。だったら他人の平等にハマりに行くんじゃ

なくて、自分で自分だけの平等作るぞくらいの勢いで生きるほうが秒。悩んで座ってるだけだったらあっという間に棺桶よ。

自分のことを自分がいちばん信じてあげて、しっくりこない常識には中指立てて、棺桶までのランウェイをみんなで最高の戦いにしていこ！

最後になりましたー、秒だったねー。今までいろんなお話をしてきて「こうすればいいよ」とかとても上から言いまくっちゃった気がするけど、私には中指じゃなくて小指立っててね。笑 kemioみたいにできないよって思う人もきっとたくさんいる。私が「どうでもよくない？」って思ってることが全然どうでもよくないって人もたくさんいる。とてもわかる。でもね、**人それぞれ悩んでいることは別だけど、何かと戦ってるってことは同じ。**人によって大事なものが違うから、戦場も違う。だから、みんなどこかで戦ってるんだってことを理解しながら、おたがいの物語はシェアするけど、価値観のインフルエンスは強制しない。そうやってみんなと

接していくのがビッグラブだよね。

もう耳にタコな言葉だろうけど、人生は1回だけ。やりたいことをやってから棺桶に入るのが絶対にHAPPYだよ。もちろん、ときにバカでけぇ壁に泡吹くこともある。でも「できない」って思い込んでることも、やってみたら想像してたより簡単だったりする。だから私は後悔しないように、「できない」の殻を破るの。生きる上でいちばん大切なのは自分だから、周りの人にとやかく言われたって、それはそれ。ウチの楽しさは、ウチが決める。他人から褒められなくっても、自分で自分を褒めてエサやって、やりたい道を突き進むのが私は正解だと思う。

平等なんて永遠にない。人それぞれいいところがあるぶん、持ってないものや苦手なことだって人それぞれ。それなら自分が使えるものを探して、知恵とか勇気とかなんでもいいから武器をカスタムして、不平等祭りの世の中をウチらで壊してこ。オリジナルのやり方を見つけて、環境を楽しいものに変えていこ。人生は、棺桶まで永遠のランウェイよ。しっくりこない常識を武器にしてる人たちには笑いながら中指立てて、自分のことを、自分がいちばん信じてあげて。た最高をこれからもシェアハピして生きていこ！

ウチらずっと戦友だよ。

一緒に病んで、一緒に戦おう。

単行本・おわりに

はーい！ というわけで、みなさん最後まで読んでくれて本当にありがとうございました！ まとめてみると、ウチの人生本当にいろいろあったなって感じ。「こういうことだったか」って新たに脳が整理されて、発見もいっぱいあった。頭の中で考えてただけじゃ形にできなかったいろいろを、しっかり1冊にできたなと思っています。

今はスマホでなんでも解決できるしスケジュールまで管理できちゃう時代、字を書くことってなんだかとっても江戸チック、だけどちょー大事だって感じました。SNSの申し子とか言われちゃうこともある私だけれど、全部インターネットに乗っ取られるのも嫌だと思ってるから、物体である本という形にできてすごくよかったです。これからも、こういうデジタルじゃなくてフィジカルな活動もやっていきたいな。だって

音楽も、DLするのとCDを手に取るのってなんだか気分が違う。音質まで違うような気もしてくるし。きっと、本だってそうだよね！　だから、kemioのフィジカルを感じてくれてありがとーってテンションです。
この本を読んでくれたあなたの中に、何かが残ってくれていたらいいなと思う。「こういう生き方もあるんだ」って、人生がちょっとでも楽になってくれたらうれしいです。参考にしようとかは思ってくれなくてもいいの。何かあなたの中でつらくなっていることをちょっぴりでも溶かしてセルフケアのお手伝いができるといいな、くらいのイメージ。
金欠になったら売ってもいいけど、残しててもいいなって思って、ずっと取っておいてくれたら好き。あ、あと次世代の人に資料提供してね。博物館にこの本飾られるとか、夢すぎて寿命延びる。

P・S
電子書籍で読んでる人もフィジカルコースの一員だからね！　すきぃ。

その後のお話 ― 文庫版書き下ろし

どんぶらこ〜って流されて生きられないから
NOって内側から桃を割るしかない街・NY。
「ウチはここにいるよ‼」って
意思表示をはっきりするようになったわ

書籍を出版して半年後の2019年10月、LAからNYに引っ越しました。もともとアメリカに留学しようって決めたとき、「NYに住みたい‼」と思ってたんだけど、家賃が高すぎて冷静に無理中の無理だったからLAに飛んだんです。3年ほどLAで過ごしまして、**ついに私kemio、NYに上陸いたしました♡** バイブスの上がる街・NY。LAの家と比べると家賃は倍、スペースは半分。私、引っ越すとき内見してなくて。そのときちょうど忙しかったからルームメイトのマイルズに現地に行ってもらったの。一応FaceTimeしながら、「どれくらいの広さ?」とか「クローゼットの大きさはLAの家と同じくらい?」とか質問した

んだけど、何を聞いてもマイルズは「すごく大きい！　最高だ！」しか言わなくて。引っ越してみたら私もお洋服も息継ぎできないんじゃね？くらいの狭さだった。おどろ木ももの木三途の川。彼いわく、「NYに興奮しすぎていて冷静に答えられなかった」らしい。一人で内見してくれて大感謝ではあるんだけど、それはそうとしてもう少し広い家を探したいと思うこの頃です！

　NYはクリエイティブな人が集まっていて刺激的だし、出会いの量も増えた。そしてLA以上に、好きは好き、嫌いは嫌いってはっきりしてる人が多い。LAでは曖昧な態度というか、「今度遊ぼうね〜」って言って実現せず、みたいな事件多発してたけど、NYではそういうどっちつかずなことがない。NOの意思表示が必要な場面も多く感じるかも。あ、もう「かも」みたいなのもダメかも。かも！　具体的に意思表示しないと、どんぶらこ〜って桃のようには流られない街、それがNY。**自分で内側から桃叩き割って「私はここです！」って主張するしかない。**

　NYはとても楽しいけど、自然豊かで時間がゆっくり流れるLAも好き。もう1回住みたいくらい。しかもアメリカに住んだおかげで日本のよさもよりわかって好きになってるし、もう全箇所に城買いたい。どこで死ぬのかとか、一生不明。私の遺骨はどちらへ〜って状況でございます、はい。

考えすぎフィルターでブロックしてたら出会えない！恋を始めるならエントランスまではかちこませないと年金独り占めコース

なんか私、1回ボロボロにされたほうがいいのかも。。あ、いきなり恋愛の話です謝罪。本を出してから1年以上経ったけど、そのあいだ、恋愛系のトピックがゼロだったの！これせっかく文庫版の書き下ろしなのに書けることなくて泣いた。

私、考えすぎなんだと思う。恋愛してなさすぎるせいで食わず嫌いが増えたのかな。恋が始まりそうになると水晶持って占い始めちゃう。「長続きしなくない？」「傷つくかも？」とか、勝手にいろんな結末を予想したり未来見ちゃって心開けなくなる。搭乗口でブロックして私の飛行機にこの人乗せられませーん!!って脳内で警備員さん呼んじゃう。せめて全員エントランスまではかちこんでもらわないと、

その後のお話—文庫版書き下ろし

始まんない。マロニーちゃんみたいにいろんな人を吸い上げ出会い死にたい。

この前、髪の毛をオレンジにしたらお誘い的なご連絡が激減して、だけど黒にした途端に電話が鳴りまくった。どんな髪色でも私自身は変わらないのに世の中って面白くねえなって思ってしまったの。とがり続けたらとがって死ぬしかないの？って強めな見た目でランウェイして何が悪いのってマミーのオマンミーでスクリームあげたときから思ってたけど、それは世間様的に「隙がない」ってジャッジになる。

とがり生きたら強すぎと言われ、隙を見せたら棘を刺されて…。でも恋にはね、きっと「適度な」隙が必要……って学んだウチわずかに成長してない!?　そんなうまくできるタイプじゃないから成長してないけど笑　転んでも一人で立ち上がれますけどー？みたいな強気を少しおさえて、「助けて！」って弱さを見せるとか。かといって「助けて」100パーだと秒で殺されるから、**ときおり丸まれ、ときおり貫け！**ってスタンスで生きたい。たくましさ更新してたらきっと年金独り占めコース。年金は、隣見ながらATMで振り込みを確認したいし、シェアしたい。っていう気持ちもたまにあるの、、。

でもね、自分を偽る恋愛って幸せなの？とも思う。やっぱり出口の見えないカンバセーション2020。みんな誰かとアロンアルファでフォーリンラブしたいの。

私の家は買い物中毒者のメモリアルパーク。
背伸びして買ったり経験したものは
人生に何かを運び入れてくれる。
サービスの力は借りつつ自立もしたい

自粛期間中、息をするようにAmazonをクリックして、1日に最低でも7〜9個の荷物が届く買い物中毒者のメモリアルパーク。それが私の家。昨日はぬいぐるみ、日用品、洋服が我が家に輸入されました♡
職業柄もあるのかもしれないけど、昔から何かを買ったりどこかに行ったりすることって、次の経験にバトンタッチされると思ってる。きっとそこから吸収したものの力が何かを運んでくるの…。背伸びして買ったものや行ったところは特にね。
貯金しようって気持ちがないわけじゃないし、いただいたお給料全使い〜なんてことはぜーったいしないけど、あんまり神経質になりすぎないようにしてる。

食べ物もごめんなさいデリバリー属です。自粛期間の始めはYouTubeでも載せたけど料理を学んでた、でも料理失敗したときの食べられるものがないその絶望感が苦手でデリバリー属に出戻り入部してしまったの反省。最近、体型という健康に対する意識が高まった。前はダイエットしたい！糖質抜く！みたいな極端なこととしてたけど、結果的にもとに戻ってしまう経験を数億回繰り返した。やっぱり目先の減量を狙うんじゃなくて長いコースで進まないといけないなって、運動を始めました。汗かくの嫌いだから、かわいい状態をキープしつつダンベルで「1、2、3♡」って。一人では継続できないから、パーソナルトレーナーさんに見張ってもらってなんとか続けてるって感じです。脂肪をまとめて死刑判決するの…。

掃除も料理も運動も、少しづつ覚えて自分1人でできるようにならないとって思うわ。もう何から何までサービス頼み〜っていうこの生活、小学生とかには「こんな人間になっちゃだめ」と伝えたほうがいいよね……。だけどどんな分野にもプロがいて、たまにそういう人たちの力を借りてサービス使いのプロになろうって割り切ってる自分もいる。時代に感謝。できないことがあるからってそこで人生終わるわけじゃない。自分に合ったライフスタイルで生きていけたらそれで◎なんだよ、きっと。でも冷静に自立したい、はあ。

コロナで心のダウンタイムに入って不安より思いやりをRTすべきって気づいた。ウチらでコロナを通過するって気持ちでマスクと手洗いして棺桶までの距離延ばそうか、心のダウンタイム迎えてる。

書籍を出した2019年と今とでは、世界の状況が一変した。新型コロナウイルスという映画の世界みたいなパンデミックが現実に起きちゃって普通に病むっていうか、心のダウンタイム迎えてる。

もちろんそれは私だけではなくて、世界中のみんなが不安。私個人の活動としては、せめて不安をインフルエンスするんじゃなくて、思いやり、温かい気持ちをシェアしていきたいと思った。綺麗事すぎるかもしれないけど、**不安をイライラに変えて、トゲのある言葉を発するのなんて、ウイルスの思うツボだと思うから。**

2019年のみそかにはこんな2020年にする予定ではなかったし、まじどな

いなんだが冷静に2019年に戻りたい！って思うこともあるけど、ウチらは進むことしかできない。だから、負けないウチら全員で通過するって気持ちで過ごしていきたい。普通に2020年生き抜いたら問答無用でみんな最強決まり案件なの。発見もたくさんあった。私達が普通だと思ってる毎日って、ある日突然なくなっちゃうものなんだな、とか。 #普通を返せ #普通恋しい #PR って思いながら生活送るなんて思ってなかった。そのせいか、普通に生きていたらアテンションを向けなかったようなことが浮き彫りになっていて、今年は目覚めるイヤーだとも感じる。自分自身にも、周りの人にも「こういうときこう行動するんだ」「こういう感情になるんだ」って気づく瞬間ない？ 自粛期間にアメリカ旅行だイェイ！ってなってる人を見たときの感情とか。日本と同じようにアメリカでもトイレットペーパーがなくなって、よくないほうの「ウチらは同じ空の下」を感じたり。笑 自分という人間のあり方を再確認した気がする。知らないことがたくさんすぎたなあ。あと私、手洗いとか気にかけてこなかった人生だったのね。すぐ風邪引いちゃうタイプで、冬は2回とか熱出してたんだけど、それが今年はゼロ。ちょっと手を洗うとかするだけでこんな健康でいられるのね……。コロナが収束しても絶対に手洗いは続行。手洗いは棺桶までの距離延ばす最強の習慣ね。今更何って引かないでね…。

どんなニュースもトレンド扱いで
フィードから消えると終わったと感じちゃう。
一人ひとりが周りの人と語り合って
問題に絡まないと永遠に終わんない！

アメリカでは、BLM（Black Lives Matter）という黒人差別反対の運動が起きてる。私はこの件に関して、勉強不足を強く感じた。NYの人たちと話していると、きに「君が知らなかっただけで、僕たちの国はずっとこの問題と戦ってるよ」と言われてハッとしたんだ。私はNYやアメリカが大好きだけど、表面的なことしか見えてなかったって自覚した。

そこから人種に関するテーマを扱った映画を見たり本を読んだり、周りの人と会話して思ったのは、もう、システム的な問題なんだってこと。白人から黒人への「好き嫌い」とかの次元じゃなくて、もっと奥底にある、歴史で続けられてきてる

システムや政治に絡まる根本的なお話だった。勉強不足ではあるけれど、**黙ってることは共犯だっていう意見を見かけて、厳しい言葉だけど、そうなのかもと思った。**日本で過ごしていたら身近ではないことだから、「根強い問題」って気付くきっかけも少ない。だから私はSNSでもシェアしようと決めた。

「日本に差別はないよ」っていう反応もたくさんあった。実感しづらい環境にあるのはとてもよくわかる。でも日本でも差別で苦しんでる人はいる。私自身もアメリカに来て、自分がどこで生まれてどこで育った人間なのか、人種なのか、初めて考えた。SNSって、私自身もそうなのだけど、パッと見てパッと流すことがとても多い。それに**SNSで話題になることって、よくも悪くも「トレンド」って形になる。**フィードで見かけなくなると、終わったと感じて遠ざかってしまう。

優しいフォロワーさんが、記事や映像などをDMで送ってくださるとき、「私はフォロワーが少なくて拡散できないので」と添えられてることがある。たしかに閲覧数とか、どれだけシェアされたとかも重要かもしれない。でも一人一人が自分の周りの人とこのトピックで会話をしたり、意見を交換することはもっと大切なんだと思う。話題を扱うかどうかに、影響力の有無は関係ない。知ろうとする人と話す。それだけでもいいから、自分で考えるっていうことがきっと大事。身近な

ネットだからって軽い気持ちでヘイト投げる人がいるけど、ネットだって罪は罪。文字の「死ね」は凶器そのもの

なんかさ、こっちが求めてないのに勝手に自分の回答持って押しかけてくる人いるじゃん？ ひどい言葉を、空き巣して置いてく人。空き巣なら物証残さないで〜。誰かのオピニオンに対しては「あなたはそうなのね、私はこう、オッケー！」でいいはずなのに、なんで正解を1個の荷物にまとめようとするのか？ 申し訳ないですが、そのような方は2100年に向かう車には乗せきれませんので、置いてくよ！

コロナの自粛期間、初めてInstagramのDMを閉じたの。「kemioは家で気楽に過ごせていいよね」とか少しトゲトゲした文章が投げ込まれてくる瞬間が多くて、限界に達してしまった。自粛することがなかったし、一人だったし、

ずどーんと入ってきちゃった。悲しい、せめて窓閉めて戸締まりしなきゃって思って、閉じました。せっかくの素敵な人生を蚊に吸わせたらもったいないから、蚊取り線香たいて放置しようって。

人からのヘイトって棘がすごく強い。ハッピーな意見を10件もらってても、1件のヘイトに意識がいっちゃう。ネットだからって軽い気持ちで送ってきてる人も多いけど、文字のパワーってよくも悪くもヘビー級。私ってキャラクター的にギャルだからあのDMたちの「バカ」とか「死ね」の中には、ツッコミのニュアンスのものもあったのかもしれない。けど、文字で見たら凶器にしか感じられなかったんだ。落ち込むと「ポジティブなkemioらしくない」とか言われることもあるけど、私はポジティブでいなきゃって考え方はゼロ**いで】ってしっかり受け入れて、終わらせる。**我慢したら、涙の爆弾を落として **「悲しい私、お**体は動くから耐えようって思う頑張り屋さんの人、たくさんいると思う。でも体は動いても、もう心は壊れてるみたいなときもある。自分の心センサーに気付いて、自分に味方してあげて。私は鏡の前だけででも自分ほめてクレジットバンバン渡してる。私が生きてる理由は他人に決めさせないからって勢いでセルフケアしていこうと思ってるよ‥。心と身体のBluetooth難しい‥‥

韓国のお姉さまたちと比べたら自分なんて豆粒に見えて力が湧くの。エンターテインメントの力を借りて大変な時代もウチらで通過してこ♡

本当にもう全部のお話がコロナ期間のことになっちゃうんだけど、これだけは言わせて。音楽がなかったら私はどうなっていたか……BLACKPINK大先生、存在してくれてありがとうございます‼

韓国のアイドルのお姉さまたちって、私からは想像できないことと戦ってる気がする。デビュー前に何年もトレーニングして、ダンス、歌、カルチャー、日本でデビューするなら語学まで学んだり、ぬかりなく努力していらっしゃる。**お姉さまたちの努力と私が悩んでいることを天秤にかけると、私なんてうんこほどのサイズで豆粒。**MVとかを見ていると、最前線で活躍する人ってこういう人なんだ！や

れ！　やってやれ！　美の暴力で世界を壊せ！って気持ちになる♡

韓国のお姉さまたちの曲は「私は私だから」っていう強い意志を歌っていることが多くて、聴いていると私は私で以下同文っていう気持ちになれる。強さにしびれる。コロナ禍（か）でもバーチャルでLiveやってオーディエンスを自宅で熱狂させて、逆境を屈強なチャンスに変えてる。本当に刺激になりすぎて、このような推せる日々を作ってくださってありがとう。そんな気持ちです。

あとは最近、おうち時間でジブリ作品を観直したの。千尋という小さな少女が大切な物を守るためにあそこまで突き進める理由はなんだろうって心に響いた。。大人でも「何が起きるかわからない」とか思ってたけど、今観ると、「何かをあきらめてしまったり、踏み出せなかったりすることがあるのに……」って考えてたら泣けてきました。人生積み重ねてきて、これまでの記憶が作品にプラスされることで、感じ方も変わるんだなって驚いた。

つくづく私って、棺桶までエンターテインメントに支えられてる人生。2020年はいろいろなことができなくてツラいけど、こうやって本でみんなに届け物もできて、今まで以上に「できること」のありがたさを感じてる。この期間にエネルギー充電して、歴史に残るモーメントを通過してこ。ウチらでまた会おうね！

文庫版・おわりに

本を出してから、Writerって名乗れるようになった♡ アメリカで、「何してる人なんですか?」って聞かれることがあるんだけど、「作家です」みたいな。「何を書くの?」って言われたときは「My life……」みたいな。私の中にWriterという一面が生まれて、「今執筆してるので〜」とか言えるの冷静にすごい。

そんな『ウチら棺桶まで永遠のランウェイ』は、みなさまが支えてくださったおかげで、文庫として2回目の息を吹き返しました。本当にありがとうございます。夢みたい。。

真面目にお話しするとこの本を出したことで、自分の思いを書き留める、書籍化するというアクティビティへの興味が強くなりました。また次のストーリーを出したいな、なんて思ってはおります。近いのか遠い

のか……絞り出しはしない派なのでまた産み倒せる日が来るといいな。

私のモットーは「シェアハピはするけど価値観は押し付けない」なので、サラッと読んで「え？ ウチ今何読まされた？」って思ってもらうくらいでいいかなって。あなたが、ご自身の人生を、ご自身でカスタマイズして幸せを勝ち取るときに、この本がほんのちょっと役立ったらアガる。あ、文庫って持ち歩きしやすいから、集合写真で「私だけ身長足りなーい」ってときにスッと出してサッと乗れるよ。物理的にも生活の仲間にしてね♡ あなたの土台になるわ♡

何度も言ってしまうけど今は地球全体が大変な状況だよね。でも、これは100％教科書に載るんじゃね？．っていうモーメントの途中。「頑張ろう」は大変だから、とりま抜けましょう。「ウチらは同じ空の下」。それだけは忘れず、一人ぼっちだなんて思わずに、ステイヘルシーで生きていこう。生きてるだけでウチらセレブなの。また会える日まで♡

kemio（作家）11月、NYの自宅にて

until we die

The runway

―― 撮影 ――

Omi Tanaka（カバー、口絵）
Cailin Hill Araki（BEYOND TOKYO・P4-16）

―― ヘア&メイク ――

Shawn Nakamura（ヘア・カバー、口絵）
Akina Shimizu（メイク・カバー、口絵）
Akitsune Takemura（THE OVERSEA・P4-16）

―― スタイリング ――

西村哲也（P4-16）

―― デザイン ――

小口翔平＋大城ひかり（tobufune・カバー、口絵）
bookwall（本文）
太田友樹（attik・P3-16, P228-229）

―― DTP ――

Office SASAI

―― 校正 ――

パーソル メディアスイッチ株式会社

―― 編集協力 ――

東美希

―― 編集 ――

杉浦麻子

本書は、二〇一九年四月に小社より刊行された単行本を加筆修正のうえ、文庫化したものです。年号や年齢は、単行本刊行時から変更せず、当時のまま記載しています。

ウチら棺桶まで永遠のランウェイ
かん おけ   えい えん

kemio

令和2年11月25日　初版発行
令和2年11月30日　再版発行

発行者●青柳昌行

発行●株式会社KADOKAWA
〒102-8177　東京都千代田区富士見2-13-3
電話　0570-002-301(ナビダイヤル)

角川文庫　22421

印刷所●株式会社暁印刷
製本所●株式会社ビルディング・ブックセンター

表紙画●和田三造

◎本書の無断複製(コピー、スキャン、デジタル化等)並びに無断複製物の譲渡および配信は、著作権法上での例外を除き禁じられています。また、本書を代行業者等の第三者に依頼して複製する行為は、たとえ個人や家庭内での利用であっても一切認められておりません。
◎定価はカバーに表示してあります。

●お問い合わせ
https://www.kadokawa.co.jp/ (「お問い合わせ」へお進みください)
※内容によっては、お答えできない場合があります。
※サポートは日本国内のみとさせていただきます。
※Japanese text only

©kemio 2019, 2020　Printed in Japan
ISBN 978-4-04-102647-2　C0195

角川文庫発刊に際して

角川源義

　第二次世界大戦の敗北は、軍事力の敗退であった以上に、私たちの若い文化力の敗退であった。私たちの文化が戦争に対して如何に無力であり、単なるあだ花に過ぎなかったかを、私たちは身を以て体験し痛感した。西洋近代文化の摂取にとって、明治以後八十年の歳月は決して短かすぎたとは言えない。にもかかわらず、近代文化の伝統を確立し、自由な批判と柔軟な良識に富む文化層として自らを形成することに私たちは失敗して来た。そしてこれは、各層への文化の普及滲透を任務とする出版人の責任でもあった。

　一九四五年以来、私たちは再び振出しに戻り、第一歩から踏み出すことを余儀なくされた。これは大きな不幸ではあるが、反面、これまでの混沌・未熟・歪曲の中にあった我が国の文化に秩序と確たる基礎を齎らすためには絶好の機会でもある。角川書店は、このような祖国の文化的危機にあたり、微力をも顧みず再建の礎石たるべき抱負と決意とをもって出発したが、ここに創立以来の念願を果すべく角川文庫を発刊する。これまで刊行されたあらゆる全集叢書文庫類の長所と短所とを検討し、古今東西の不朽の典籍を、良心的編集のもとに、廉価に、そして書架にふさわしい美本として、多くのひとびとに提供しようとする。しかし私たちは徒らに百科全書的な知識のジレッタントを作ることを目的とせず、あくまで祖国の文化に秩序と再建への道を示し、この文庫を角川書店の栄ある事業として、今後永久に継続発展せしめ、学芸と教養との殿堂として大成せんことを期したい。多くの読書子の愛情ある忠言と支持とによって、この希望と抱負とを完遂せしめられんことを願う。

一九四九年五月三日

角川文庫ベストセラー

県庁おもてなし課	有川　浩	とある県庁に生まれた新部署「おもてなし課」。若手職員・掛水は地方振興企画の手始めに、人気作家に観光特使を依頼するが、しかし……!? お役所仕事と民間感覚の狭間で揺れる掛水の奮闘が始まった！
レインツリーの国	有川　浩	きっかけは一冊の「忘れられない本」。そこから始まったメールの交換。やりとりを重ねるうち、僕は彼女に会いたいと思うようになっていた。しかし、彼女にはどうしても会えない理由があって——。
星やどりの声	朝井リョウ	東京ではない海の見える町で、亡くなった父の残した喫茶店を営むある一家に降りそそぐ奇跡。才能きらめく直木賞受賞作家が、学生時代最後の夏に書き綴った、ある一家が「家族」を卒業する物語。
正義のセ ユウズウカンチンで何が悪い！	阿川佐和子	東京下町の豆腐屋生まれの凜々子はまっすぐに育ち、やがて検事となる。法と情の間で揺れてしまう難事件、恋人とのすれ違い、同僚の不倫スキャンダル……。山あり谷ありの日々にも負けない凜々子の成長物語。
正義のセ 2 史上最低の三十歳！	阿川佐和子	女性を狙った凶悪事件を担当することになり気合十分の凜々子。ところが同期のスキャンダルや、父の浮気疑惑などプライベートは恋のトラブル続き！しかも自信満々で下した結論が大トラブルに発展し!?

角川文庫ベストセラー

落下する夕方	AX アックス	グラスホッパー	文豪ストレイドッグス外伝 綾辻行人VS.京極夏彦	名誉挽回の大勝負！ 正義のセ 3	
江國香織	伊坂幸太郎	伊坂幸太郎	朝霧カフカ	阿川佐和子	

別れた恋人の新しい恋人が、突然乗り込んできて、同居をはじめた。梨果にとって、いとおしいのは健悟なのに、彼は新しい恋人に会いにやってくる。新世代のスピリッツと空気感溢れる、リリカル・ストーリー。

超一流の殺し屋「兜」が仕事を辞めたいと考えはじめたのは、息子が生まれた頃だった。引退に必要な金を稼ぐために仕方なく仕事を続けていたある日、意外な人物から襲撃を受ける。エンタテインメント小説の最高峰！

妻の復讐を目論む元教師「鯨」。自殺専門の殺し屋「蝉」。ナイフ使いの天才「鈴木」。3人の思いが交錯するとき、物語は唸りをあげて動き出す。疾走感溢れる筆致で綴られた、分類不能の「殺し屋」小説！

殺人探偵の異名をとる綾辻行人は、その危険な異能のために異能特務課新人エージェント・辻村深月の監視を受ける身だ。綾辻はある殺人事件の解決を依頼されるが、裏では宿敵・京極夏彦が糸を引いていて……⁉

小学校の同級生で親友の明日香に裏切られた凜々子。さらに自分の仕事のミスが妹・温子の破談を招いていたことを知る。自己嫌悪に陥った凜々子は同期の神蔵守にある決断を伝えるが……⁉

角川文庫ベストセラー

泣かない子供
江國香織

子供から少女へ、少女から女へ……時を飛び越えて浮かんでは留まる遠近の記憶、あやふやに揺れる季節の中でも変わらぬ周囲へのまなざし、こだわりの時間を柔らかに、せつなく描いたエッセイ集。

GOTH
夜の章・僕の章
乙 一

連続殺人犯の日記帳を拾った森野夜は、未発見の死体を見物に行こうと「僕」を誘う……人間の残酷な面を覗きたがる者〈GOTH〉を描き本格ミステリ大賞に輝いた乙一の出世作。「夜」を巡る短篇3作を収録。

大泉エッセイ
僕が綴った16年
大泉 洋

大泉洋が1997年から綴った18年分の大人気エッセイ集(本書で2年分を追記)。文庫版では大量書き下ろし〈結婚&家族について語る!〉あだち充との対談も収録。大泉節全開、笑って泣ける1冊。

鬼談百景
小野不由美

旧校舎の増える階段、開かずの放送室、塀の上の透明猫……日常が非日常に変わる瞬間を描いた99話。恐ろしくも不思議で悲しく優しい。小野不由美が初めて手掛けた百物語。読み終えたとき怪異が発動する──。

愛がなんだ
角田光代

OLのテルコはマモちゃんにベタ惚れだ。彼から電話があれば仕事中に長電話、デートとなれば即退社。全てがマモちゃん最優先で会社もクビ寸前。濃密な筆致で綴られる、全力疾走片思い小説。

角川文庫ベストセラー

望み	雫井脩介
小説 秒速5センチメートル	新海誠
小説 君の名は。	新海誠
小説 天気の子	新海誠
騙し絵の牙	塩田武士

建築家の石川一登は、家族4人で平凡な暮らしを営んでいた。ある日、高校生の息子・規士の友人が殺された。事件後も行方不明の息子の潔白を信じたいが——。家族の「望み」とは何かを真摯に問う。

「桜の花びらの落ちるスピードだよ。秒速5センチメートル」。いつも大切な事を教えてくれた明里、彼女を守ろうとした貴樹。恋心の彷徨を描く劇場アニメーション『秒速5センチメートル』を監督自ら小説化。

山深い町の女子高校生・三葉が夢で見た、東京の男子高校生・瀧。2人の隔たりとつながりから生まれる「距離」のドラマを描く新海誠的ボーイミーツガール。新海監督みずから執筆した、映画原作小説。

新海誠監督のアニメーション映画『天気の子』は、天候の調和が狂っていく時代に、運命に翻弄される少年と少女がみずからの生き方を「選択」する物語を。監督みずから執筆した原作小説。

『罪の声』の著者が、大泉洋を小説の主人公に"あてがき"し話題沸騰。雑誌編集長の速水は雑誌廃刊の可能性を告げられ、組織に翻弄されていく。交錯する邪推、疑惑、次第に彼の別の顔が浮かび上がっていく……。2018年本屋大賞ランクイン作。

角川文庫ベストセラー

本日は大安なり 辻村深月

企みを胸に秘めた美人双子姉妹、プランナーを困らせるクレーマー新婦、新婦に重大な事実を告げられないまま、結婚式当日を迎えた新郎……。人気結婚式場の一日を舞台に人生の悲喜こもごもをすくい取る。

炎上する君 西 加奈子

私たちは足が炎上している男の噂話ばかりしていた。ある日、銭湯にその男が現れて……動けなくなってしまった私たちに訪れる、小さいけれど大きな変化。奔放な想像力がつむぎだす不穏で愛らしい物語。

ナミヤ雑貨店の奇蹟 東野圭吾

あらゆる悩み相談に乗る不思議な雑貨店。そこに集う、人生最大の岐路に立った人たち。過去と現在を超えて温かな手紙交換がはじまる。張り巡らされた伏線が奇蹟のように繋がり合う、心ふるわす物語。

ラプラスの魔女 東野圭吾

遠く離れた2つの温泉地で硫化水素中毒による死亡事故が起きた。調査に赴いた地球化学研究者・青江は、双方の現場で謎の娘を目撃する――。東野圭吾が小説の常識をくつがえして挑んだ、空想科学ミステリ!

短歌ください 穂村 弘

本の情報誌「ダ・ヴィンチ」の投稿企画「短歌ください」に寄せられた短歌から、人気歌人・穂村弘が傑作を選出。鮮やかな講評が短歌それぞれの魅力を一層際立たせる。言葉の不思議に触れる実践的短歌入門書。

角川文庫ベストセラー

高校入試	湊　かなえ

名門公立校の入試日。試験内容がネット掲示板で実況中継されていく。遅れる学校側の対応、保護者からの糾弾、受験生たちの疑心。悪意を撒き散らすのは誰か。人間の本性をえぐり出した湊ミステリの真骨頂！

四畳半神話大系	森見登美彦

私は冴えない大学3回生。バラ色のキャンパスライフを想像していたのに、現実はほど遠い。できれば1回生に戻ってやり直したい！ 4つの並行世界で繰り広げられる、おかしくもほろ苦い青春ストーリー。

夜は短し歩けよ乙女	森見登美彦

黒髪の乙女にひそかに想いを寄せる先輩は、京都のいたるところで彼女の姿を追い求めた。二人を待ち受ける珍事件の数々、そして運命の大転回。山本周五郎賞受賞、本屋大賞2位、恋愛ファンタジーの大傑作！

ペンギン・ハイウェイ	森見登美彦

小学4年生のぼくが住む郊外の町に突然ペンギンたちが現れた。この事件に歯科医院のお姉さんが関わっていることを知ったぼくは、その謎を研究することにした。未知と出会うことの驚きに満ちた長編小説。

完全版 社会人大学人見知り学部 卒業見込	若林正恭

単行本未収録連載100ページ以上！ 雑誌「ダ・ヴィンチ」読者支持第1位となったオードリー若林の社会人シリーズ、完全版となって文庫化！ 彼が抱える社会との違和感、自意識との戦いの行方は……？